백두산
어디까지

가봤니

베이징에서 두만강까지

백두산 어디까지 가봤니

심재훈 지음

6년간 중국 특파원으로 지낸 저자가 기록한

백두산 그리고 베이징 모습을
있는 그대로 찾아가는 여정

바른북스

백두산 천지의 물맛은 어떨까.

5년간 베이징에서 특파원에 이어 지사장을 지내면서 가장 많이 마셨던 백산수_{白山水}를 마실 때마다 들었던 생각이다.

베이징의 최대 한인 거주지인 왕징_{望京} 교민들이나 주재원들은 주로 생수로 농심의 백산수를 많이 마신다. 중국의 일반 생수보다 비싸긴 하지만 백두산의 맑은 물로 만들었다는 '백두산 물'이라는 심리적인 면도 많이 작용한 듯 보인다.

백두산에서 끌어온 물이라는데 꼭 마셔야지 하는 생각 속에 필자 또한 귀국 전까지 이 생수의 단골이 됐던 거 같다.

이는 어릴 적부터 지금까지 봐왔던 애국가 화면 때문일지도 모른다. 애국가 화면에는 항상 웅장한 백두산의 천지가 나온다. 그만큼 한국인들의 가슴 속에는 부지불식간에 '천지'에 대한 동경심이 자리 잡고 있다.

필자도 어렸을 때 백두산 천지 괴물이 있다는 미스터리 잡지와 다양한 천지 사진을 보면서 어른이 되면 꼭 가보겠다는 꿈을 키운 적이 있었다.

아쉽게도 현재 우리 땅을 밟고 천지까지 갈 수 있는 방법이 없다. 백두산 천지는 중국과 북한의 영토 경계선 역할도 하고 있어 한국인은 중국을 통해서만 천지를 접할 수 있다. 그래서인지 타국 영토를 통해 백두산에 올라 천지를 바라보는 감회는 만감이 교차하는 등 남다를 수밖에 없다. 중국에서는 백두산을 창바이산長白山이라고 부른다. 같은 산을 두고 부르는 이름이 다른 만큼 양국 간 이질감 또한 큰 셈이다.

백두산 천지를 둘러본 한국인들이 반드시 함께 찾게 되는 지역이 있다. 지린성吉林省 옌볜延边 자치구 옌지延吉 등 조선족자치구와 두만강을 사이로 북중 접경을 맞대고 있는 투먼图们이 바로 그곳이다.

옌지는 조선시대와 구한말 그리고 1980~1990년대의 우리나라의 모습을 담고 있어 정겹기도 하고 한편으로는 신기하기도 하다.

투먼 또한 바로 건너편에 북한 땅이 보여 분단의 현실을 그대로 느낄 수 있다는 점에서 한국인들에게는 꼭 가봐야 할 차이나 버킷리스트로 꼽을만하다.

1년간 칭다오 단기 연수 특파원을 포함해 6년간 중국 생활을 하면서 가장 인상 깊었던 방문지 또한 백두산과 옌지, 투먼이라고 해도 과언이 아니다. 아마도 이들 지역이야말로 중국에서 가장 한국인들이 그리워하고 공감하면서도 가슴 아픈 곳이기 때문이 아닐까.

아울러 1992년 한중 수교 이후 중국에 진출한 한국인들의 거점인 된 베이징 왕징望京 또한 빼놓을 수 없다.

현대자동차 등 국내 대기업들의 중국 진출과 한류 그리고 사드, 코로나19 사태 등을 겪으면서 그야말로 격동의 세월을 보냈기 때문이다. 왕징에 살다 보면 중국 속 한국의 실상을 적나라하게 들여다볼 수 있으며 앞으로 한중 관계까지 대략 감지할 수 있을 정도다.

만일 중국 속 한국의 발자취를 느껴보고 싶다면 베이징 왕징에서부터 두만강까지 반드시 가보길 바란다. 이곳들이 바로 '차이나 버킷리스트'가 될 테니 말이다.

| 목차 |

서문

베이징에서 백두산을 바라보다

Part
02

백두산 천지 괴물과 호랑이는 어디로

백 두 산
어디까지

가 봤 니

베이징에서
백두산을
바라보다

Part
01

백두산 다가가기
'쉽지 않은 여정'

"정말 백두산에 가시려고요? 늦어도 9월 전에는 가야 해요."

베이징 또는 중국에 주재원으로 근무했던 한국인이라면 누구나 귀임 전에 한 번쯤은 백두산 여행을 꿈꾸게 된다.

'백두산'이란 말 자체가 한국인들에게는 가슴을 설레게 하는 묘한 매력이 있기 때문이다.

'한라에서 백두까지'라는 말이 있을 정도로 백두산은 한반도에서 가장 높은 산으로 해발 2천700여 m에 달하며 각 봉우리 정상에는 칼데라 호수인 천지天池가 있다.

백두산은 북한 양강도 삼지연군과 중국 지린성 옌볜시의 조선족 자치주에 걸쳐 자리 잡고 있다. 8천km²의 전체 면적 중 3분의 2는 북한 영토, 나머지는 중국 영토에 속한다.

백두산白頭山이란 명칭은 화산 분출로 형성된 부식토가 산 정상 부분에 하얗게 쌓여있는데 유래됐다고 한다. 하지만 중국에서 이름은 백두산이 아니라 창바이산(장백산長白山)으로 불린다. 화산 활동은 250여 년 전에 멈춰 사화산이지만 최근 들어 백두산 화산 재개설 등이 꾸준히 나와 국제적으로도 큰 관심을 받고 있다.

백두산은 빼어난 경치뿐만 아니라 중국에서 동북東北 호랑이로 불리는 백두산 호랑이를 비롯해 희귀한 야생동물과 야생식물이 서식해 천연자원의 보고이기도 하다.

중국 주재원들에겐 백두산 천지를 보는 것은 힐링 여행이기도 하지만 일종의 힘들었던 중국 생활을 결산하는 의미가 있다. 그래서인지 베이징 여행사들 또한 여름 휴가철이나 국경절 등 연휴에는 빼놓지 않고 백두산 여행 상품을 판촉하며 호응 또한 좋다. 하지만 백두산 여행은 그리 녹록지 않다. 해발 2천m가 넘는 고산지대인 데다 중국 동북 지역이라 기상 상황이 예측불허인 경우가 많기 때문이다.

이 때문에 백두산 방문은 5~7월이 최적기로 꼽는다.

9월에 들어서면 이미 백두산 지역은 추워지고 눈까지 내리기 때문이다. 10월이 되면 폭설 등으로 입산 금지되는 경우까지 발생한다.

이런 혹한기는 이듬해 3월까지 이어지기 때문에 백두산이 여행객들에게 허용하는 시기는 그리 많지 않은 셈이다. 이처럼 백두산은 9월 하순부터 눈이 내리기 시작해 이듬해 5월까지 내리며, 1년에 200일가량 눈이나 비가 내린다.

5~7월이 최적기라고 해도 백두산에 올라 천지를 반드시 본다는 보장도 없다. 일단 성수기에는 백두산까지 가기 쉽지 않다. 중국 내에서도 워낙 백두산 관광 수요가 많아 비행기 표가 동나는 경우도 적지 않은 데다 장마 기간마저 겹치면 항공기 결항이 잦기 때문이다.

필자의 지인도 귀임을 앞두고 아들과 함께 7월에 백두산 여행을 예약했다가 폭우로 항공기가 이틀 연속 결항되면서 결국 포기하고 귀국길에 오른 일도 있다.

중국의 국경절인 10월 초에 백두산 답사에 나섰던 한 후배는 폭설로 사흘간 고립된 끝에 결국 천지를 보지 못한 채 베이징으로 돌아왔다.

필자는 최적기가 사실상 다 끝난 8월 말로 백두산 방문 시기를 잡았다. 2020년은 연초부터 중국에 퍼진 코로나19 사태로 취재에 정신이 없었고 백두산 여행 또한 코로나19로 이동이 제한되면서 성수기에도 여행이 쉽지 않았기 때문이다.

수도 베이징은 그해 5~6월 한 시장에서 코로나19 감염이 재확산되면서 거의 도시 전체가 봉쇄되다시피 하며 한 달여간 방역으로 시끄러웠다. 그러다가 그해 8월 중순 넘어서면서야 이동 제한이 어느 정도 풀리고 중국 전체적으로 여행이 가능해지자 필자는 곧바로 백두산행을 결심했다.

언제 다시 코로나19 감염이 확산돼 백두산으로 가는 길이 막힐지 모른다는 두려움이 작용한 것이다.

　주재원이나 교민이 베이징에서 백두산을 여행하기에 가장 싸고 쉬운 방법은 한국인들을 위한 현지 여행사를 이용하는 것이다. 베이징 교민 주거지인 왕징에는 '홍투어'나 '보보여행' 등 교민을 대상으로 하는 조선족 운영 여행사들이 있기 때문이다.

　요새는 씨트립携程 등 중국 현지 여행사를 통해 중국인들과 함께 단체 관광을 가는 방법도 있고 아니면 본인이 직접 항공과 숙박, 관광지 입장권 등을 구입하는 방법도 있다. 중국도 인터넷과 스마트폰이 보편화되면서 그만큼 혼자 여행 계획을 짜고 여행하기 쉬워진 셈이다.

　하나투어 등 한국에서 모객 하는 백두산 단체 관광객 상품도 많고 오히려 중국 현지보다 더 저렴한 경우도 적지 않다. 다만 코로나19 사태로 2020년 들어 한국에서 백두산으로 가는 길은 사실상 막혔다.

백두산의 관문
'다싱과 창바이산 공항'

중국에서 백두산으로 갈 수 있는 방법은 여러 가지다.

비행기를 통하는 게 가장 빠르고 고속철도나 자가용 등 차로 가는 것도 가능하다. 항공편을 이용하면 당일 백두산 천지까지 볼 수 있어 대부분 중국인들도 항공편을 이용하는 경우가 많다.

중국인들에게도 백두산 천지는 진기한 명소로 알려져 있다. 이 때문에 여름철 성수기에는 중국 내 천지 관광 수요가 많아 항공 티켓 예약이 쉽지 않고 가격도 폭등해 왕복 비행기 표가 40만~50만 원을 넘어가기도 한다. 이는 평상시의 베이징-서울 왕복 국제선 티켓 가격보다 비싼 수준이다. 2020년에는 코로나19 사태로 여행 자체가 제한되면서 항공권 가격은 10만 원 수준까지 떨어져 이 기회에 백두산을 다녀오려는 한국인들이 많이 생기기도 했다.

베이징에서 백두산을 가려면 항공편으로는 두 가지 방법이 있다. 베이징 서우두首都 공항에서 옌지 공항으로 가든지 아니면 새로 신설된 베이징 다싱大兴 공항을 통해 역시 신설된 백두산 지역의 창바이산 공항으로 가는 방법이 있다.

　교민 대부분이 서우두 공항에 인접한 지역인 왕징에서 살기 때문에 서우두 공항을 통해 옌지 공항으로 가는 방법을 선호한다.

　옌지 공항에 내리면 다시 차편으로 4~5시간을 돌고 돌아 창바이산 지구로 들어가야 백두산에 접근할 수 있다는 문제가 있다. 한마디로 백두산 천지를 당일에 보기 어렵다는 의미다.

　반면 교민 거주지인 왕징에서 1시간~1시간 30여 분 거리에 있는 다싱 공항에서 비행기를 타면 창바이산 공항에 내리게 된다. 이 공항에서는 30여 분이면 바로 장백산 관광지구로 진입해 당일 백두산 천지 서파를 볼 수 있다는 장점이 있다.

　이런 점 때문에 베이징 교민들은 백두산 여행을 갈 때는 백두산을 당일에 볼 수 있는 '다싱 공항에서 출발해 창바이산 공항으로 도착하는 일정'을 택하는 경우가 많다.

돌아올 때는 집으로 바로 갈 수 있는 '옌지 공항에서 출발해 서우두 공항으로 오는 일정'을 택하게 된다.

다싱 공항은 베이징 남쪽 끝인 다싱구에 있으며 동북쪽의 기존 서우두 공항과 함께 베이징의 양대 공항 역할을 하고 있다. 2019년 9월 25일 개항했으며 공항 건설에만 75조 원을 들인 시진핑 중국 국가 주석의 역점 사업 중에 하나다.

봉황이 날개를 편 형상의 다싱 공항은 동대문디자인플라자(DDP)로 한국에서도 유명한 건축가 자하 하디드가 생전에 설계했다.

터미널은 남북 1천753m, 동서 1천591m에 건축 면적은 140

만m²로 단일 공항 터미널로는 세계에서 가장 크다. 다싱 공항은 2025년에는 7천200만 명의 승객을 처리할 것으로 전망될 정도로 중국 정부가 육성하고 있다.

중국 3대 항공사 가운데 동방항공과 남방항공은 대부분의 항공 노선 거점을 다싱공항으로 옮겼다. 하지만 대한항공과 아시아나항공은 한국인들이 왕징에서 가까운 서우두 공항을 선호하는 점 등을 고려해 다싱 공항으로 이전하지 않고 있는 것으로 알려졌다.

다싱 공항은 야심 찬 포부를 가지고 개항했으나 코로나19 여파로 개항 초기에는 이용객이 극히 적었다. 필자가 백두산 여행을 갔던 2020년 8월 말에도 텅 빈 것처럼 한산했다.

다싱 공항 내부는 거대한 우주선을 방불케 할 정도였으며 하얀색에 유려한 곡선 디자인이 돋보였다. 공항 내부는 직원들을 찾아보기 어려웠고 대부분 자동으로 티켓팅과 수화물을 부칠 수 있도록 해놓는 등 첨단 공항 이미지를 풍겼다.

코로나19 사태로 복잡한 방역 절차를 거친 뒤 중국 저가 항공사인 중국연합항공편을 타자 오전에 출발한 항공기는 정오가 안 돼 창바이산 공항에 도착했다.

기내에서는 간단한 스낵 정도 제공됐다. 코로나19 사태가 지속 중인 상황에서도 먹을 때는 마스크를 벗을 수 있었던 점이 이채로웠다.

창바이산 공항에 도착하면 외지인의 경우 스마트폰에 현지 건강 코드 앱을 깔거나 주소지와 연락처를 별도로 공항 직원에게 남겨야 한다. 외국인의 경우 입국한 지 2주가 지났다는 증명도 해야 한다. 이는 코로나19 방역 강화에 따른 조치다.

창바이산 공항은 베이징의 공항에 비하면 시골 같은 느낌을 준다. 하지만 공항 바로 옆에서 대규모 신축 및 확장 공사 중이라 몇 년 후에는 제법 규모 있는 공항으로 조성될 예정이라고 했다.

지린성 바이산白山에 위치한 창바이산 공항은 2006년 착공해 2008년 항공기가 운항을 시작했다. 이후 2018년부터 2기 확장공사에 들어갔다.

중국 정부는 관광 수입 확대를 위해 백두산 관광 인프라 개발에도 힘을 쏟는 분위기다.

동북지역 랴오닝성에서 백두산을 잇는 11조 원 규모의 고속철도 건설 계획도 세웠다. 선양沈阳에서 푸순, 통화, 바이산, 옌벤 자치주를 거쳐 바이허까지 주요 행정구역 6곳, 13개 역을 지나며 430여 km에 달한다.

중국에서는 선양-백두산 구간 고속철도뿐 아니라 지린성 둔화敎化와 백두산을 잇는 총 길이 110여 km의 고속철도도 깔고 있다.

교통망 확충뿐 아니라 백두산과 주변 지역을 연계해 '창바이산 발전공동체'를 만들고 관광발전시범지구를 조성해 관광산업 생태계를 구축하기 위한 노력도 병행하고 있다.

▼ 중국의 허브 '베이징 다싱 공항'

지옥 계단 올라서니
백두산 서파 눈앞

창바이산 공항을 나오면 중국 국기인 오성홍기와 각종 선전 구호들이 적힌 플래카드만 요란하고 주변은 별다른 건물도 없어 황량하기 그지없다.

한적한 공항 주차장에 마련된 현지 여행사의 승합차에 올라 곧바로 백두산 서파로 향했다. 공항에서 택시를 탈 수도 있지만 비용은 부르는 게 값이라 대부분 관광객은 잘 이용하지 않는다고 한다.

백두산 천지는 북중 국경의 경계선 역할도 하는데 천지 봉우리인 서파와 북파, 남파는 중국령이며 문재인 대통령이 김정은 북한 국무위원장과 같이 왔던 곳은 북한의 동파 지역이다. 즉 천지 3분의 2 정도는 중국 소유인 셈이다. 이에 따라 중국의 주요 백두산 관광 코스는 천지를 중심으로 북파와 서파로 나뉜다.

산세가 험한 북파는 전문적인 트레킹을 원하는 사람들이 좋아하기도 하지만 천지 바로 앞까지 차로 갈 수 있어 노약자에게도 인기가 많다. 서파는 완만한 고산지대여서 일반인들의 관광 코스로 애용되지만 끝없이 이어진 계단을 오를 체력이 필요하다.

남파는 이따금 개방되는 곳으로 필자가 갔을 때는 일반 관광객 출입이 제한돼 있었다.

　서파는 하늘 끝까지 이어지는 듯한 계단을 따라 올라가는 일명 '지옥의 계단 등반' 코스다. 1천 개가 넘는 계단을 한 걸음씩 음미하면서 오를 수 있고 고산지대의 독특한 지형과 수목, 야생화 등을 자세히 볼 수 있다는 장점이 있다. 하지만 고령자나 어린이들과 함께 오르기에는 계단의 경사가 만만치 않아 다소 부담되는 구간이다.

　북파는 백두산 천지 관광 코스 중 가장 먼저 개발된 곳이다. 이곳은 장백폭포, 녹연담 등 백두산의 대표 관광 명소까지 둘러볼 수 있으며 천지 바로 앞까지 도로가 이어져 차를 타면 노약자라도 손쉽게 천지를 배경을 사진을 찍을 수 있다. 북파 바로 앞까지 6인승 승합차를 타고 능선을 오르면서 볼 수 있는 백두산 전경도 장관이다.

　천지의 전경 면에서도 서파와 북파는 차이가 꽤 크다.

서파와 북파 가운데 서파는 백두산 천지의 장관을 파노라마처럼 한눈에 볼 수 있어 가장 인기가 많다. 천지를 가장 넓은 시각으로 볼 수 있다는 의미다.

창바이산 공항에서 1시간 정도 승합차로 이동하다 보면 장백산 서파 관광센터가 나온다. 주변에는 여관과 각종 조선족 특산품을 파는 가게들이 즐비했다. 다만, 코로나19 사태 여파로 인적이 드물고 강아지들만 돌아다니고 있어 약간 을씨년스러운 분위기를 연출했다.

이곳에서 공예품 가게를 운영하는 중국인 천 모 씨는 "코로나19 전까지만 해도 발 디딜 틈 없이 손님들이 붐벼서 정신이 없었는데 코로나19 이후 발길이 뚝 끊겼다"면서 "특히 그 많던 한국인 관광객들이 다 사라졌다"고 말했다.

랴오닝성 지방 정부가 백두산 관광에 그동안 공을 들인 덕분인지 창바이산 서파 관광센터는 제법 번듯했다. '창바이산'이란 필기체의 초대형 간판에 대형 지붕을 덮어 제법 대형 건물다운 위용을 뽐냈다.

입장권을 사면 대합실에서 서파로 가는 전용 관광버스를 타야 한다. 우리나라 시내버스와 비슷한데 자리가 다 차기 전에는 출발하지 않는다. 이 전용 버스를 타면 1시간 정도 가다가 환승센터에서 내려 또다시 다른 버스로 갈아 타야 한다.

　처음에는 왜 버스를 갈아타야 하는지 이해가 가지 않았다. 하지만 조금만 지나면 바로 고개를 끄덕이게 된다. 일반 대형 버스로는 올라가기 힘들 정도로 본격적인 비탈길이 시작되기 때문이다. 관광센터에서 타고 왔던 일반 대형 버스 대신 굽이진 에스자 형태의 급경사 길을 오를 수 있는 중형급 버스가 그 역할을 대신하는 것이다.

　멀미가 날 정도로 버스가 좌우로 급회전하는 가운데 버스 안에서는' 마스크를 쓰라'는 안내 방송이 계속 나왔다. 코로나19 사태 여파는 청정 지역으로 유명한 백두산까지 미치고 있었다.

　30여 분쯤 지나니 드디어 백두산 서파 주차장에 버스가 도착했다. 주변에 안개가 자욱해 천지를 제대로 볼 수 있을지 불안감이 엄습했다.

　조선족 가이드는 "백두산 정상의 경우 날씨가 수시로 변하니 희망을 가져보자"라며 정상으로 등반을 재촉했다.

　이 가이드는 "3대가 복을 받아야 백두산 천지를 볼 수 있다. 수차례 오고도 천지를 제대로 못 보고간 손님들도 많으니 자신의 운을 믿어보라"며 추임새까지 넣었다.

　막상 주차장 바로 옆 간이 휴게소에서 서파로 향하니 천지를 볼수 있을까라는 걱정보다는 "이렇게 많은 계단이 있는데 언제 서파로 올라갈 수 있을까"라는 두려움이 생겼다.

　안개비로 우비를 걸쳐야 했고 앞에는 1천442개 계단이 끝없이 이어져 있었다.

거리로는 900m지만 사실상 등산이라 일반적인 산책과는 차원이 달랐다. 곳곳에 '계단이 많고 미끄러우니 조심하라' 경고 문구가 눈에 띄었다. 안전을 우려해 올라가는 계단과 내려가는 계단도 구분해 놓았다.

8월 말 무더위가 기승을 부리던 베이징에서 반바지로 차림으로 백두산 서파까지 왔던 필자는 서서히 밀려드는 한기에 닭살이 돋기 시작했다. 버스에서 긴 바지로 갈아입을걸 하는 후회가 밀려왔다. 하지만 이미 중턱까지 온 이상 이를 악물고 계속 가는 수밖에 없었다.

숨이 턱까지 차오를 때쯤 앉아서 담배를 피우고 있는 인력거꾼들이 보였다. 인력거는 앞뒤로 2명이 어깨에 받쳐 드는 방식으로 1명이 탈 수 있는 크기였다. 왕복하는데 한국 돈으로 7만 원 정도를 부르며 호객 행위를 하고 있었다. 인력거꾼들은 사람들이 그냥 지나치려고 하자 절반까지 깎아주겠다며 태도를 바꿨다.

인력거를 이용하는 중장년층 관광객은 거의 없었으나 지팡이를 짚고 오르던 노인 중 1~2명은 결국 포기하고 인력거에 오르는 모습이 보였다. 서파에서 천지를 보고 내려오는 길 또한 모두 계단이라 무릎에 좋지 않으므로 노인들은 인력거를 타는 것도 고려해 볼 만하다.

고산지대라 수시로 비바람이 몰아치는 등 기상이 급변하다 보니 서파로 오르는 한쪽에는 '천둥 칠 때는 우산을 쓰거나 핸드폰 통화를 자제해 달라'는 팻말도 눈에 띄었다.

워낙 고산지대라 고개를 들면 바로 앞에 구름이 보일 정도였다. 정말 폭풍우가 몰아칠 때는 바로 번개를 맞을 수 있겠다는 생각이 들었다.

서파까지는 정해진 나무 계단길만 이용하도록 돼있지만 일부 등산객은 중간 휴게 구역에서 계단 밖으로 나가서 꽃을 꺾거나 흐르는 물을 마시는 장면이 자주 목격됐다.

주변이 온통 현무암 투성이라 신기하기 때문이다. 계단 밖으로 뛰쳐나가 직접 발로 밟아보려는 관광객들도 있었다.

거친 숨을 몰아쉬며 마지막 계단을 딛고 서니 서파 꼭대기가 보였다. 불행히도 안개가 끼어서 천지 전경이 깨끗하게 볼 순 없었다. 어렴풋이 보였지만 안개 속에서도 천지의 푸른 물이 드러나 흥분된 마음을 감출 수 없었다.

가이드는 "천지의 기상이 수시로 변하기 때문에 20~30분 앉아서 기다려 보라"고 말했다.

서파 정상 바로 옆에는 중국과 조선(북한)의 경계비가 서있어 이곳이 바로 북중 접경임을 실감할 수 있었다.

'국경 규정을 자각적으로 준수하고 국경지역에서 무인기를 날려 보내지 말자'라는 빨간색 플래카드가 한국어와 중국어로 표기돼 걸려있었다. 천지의 서파 반대편이 북한 지역이니 무인기를 날리면 바로 북한 땅으로 갈 수 있겠다는 생각이 들었다.

　서파에서 휴대전화를 북한 경계선 쪽까지 가서 사용하면 휴대전화가 중국 국경을 벗어난 것으로 인식돼 나중에 베이징에 돌아갈 때 문제가 생길 수도 있다는 경고도 들었다.

　코로나19 여파로 외국인은 중국으로 입국하면 최소 14일간 격리해야만 하고 입국 비자도 거의 내주지 않는 상황이었다. 중국에서는 중국인뿐만 아니라 외국인들도 휴대전화의 인증 코드를 통해 코로나19 안전 여부를 인증하고 있다.

　이런 상황에서 졸지에 휴대전화가 북한에 갔다 온 것으로 인식해 버리면 해외 입국 절차를 다시 밟아야 하기 때문에 낭패일 수밖에 없다. 입국하는 다른 외국인들과 똑같이 꼼짝없이 3주 격리 등을 해야 할 수도 있기 때문이다.

　북중 경계비에서 사진을 찍고 초코바를 먹으면서 시간을 보내다 보니 갑자기 안개가 개면서 천지가 거짓말처럼 한순간에 드러나기 시작했다.

애국가 영상에서나 봤던 그 장면이 눈앞에서 펼쳐진 것이다. 너무 푸르고 맑아 무섭다는 느낌이 들 정도였다. 이렇게 높은 산에 이런 장엄한 호수가 있다니….

한라산 백록담 또한 직접 보면 규모는 작아도 경이로움을 주지만 백두산 천지는 '놀랍고 경이롭다'는 표현으로도 부족할 정도로 상상 이상이었다.

진한 감동을 뒤로하고 서파에서 내려오는 길목에는 각종 먹을거리와 기념품을 파는 가게가 즐비했다.

주로 찐 옥수수와 수박, 수박 주스, 전병, 오징어구이

등을 팔고 있었고 백두산 화산석으로 기념 도장을 파주는 상점들도 있었다. 필자도 기념으로 백두산이라고 써진 돌을 골라 2만 원 정도를 내고 이름을 새겼다.

도장을 새겨주던 중국인 노점 상인은 "백두산 화산석으로 도장을 만들면 행운을 가져다주며 장수한다는 말이 있다"고 말했다.

서파는 주변에 편의 시설이 마땅치 않다는 게 옥의 티였다. 서파 입구에 휴게소가 있기는 하지만 그냥 통나무집이라 불러도 될 정도로 작고 시설도 미흡했다. 중국 컵라면이나 과자 등 간단한 것들

만 있고 간이 의자와 간단한 기념품, 외투 대여, 뜨거운 물 정도만
구비돼 있기 때문이다.

　백두산 여행을 같이했던 일행 중 1명이 미리 한국 컵라면을 준
비해 와서 뜨거운 라면 국물로 허기와 추위를 달랠 수 있었다.

　백두산 서파 방문 시에는 사탕, 초코바와 한국 컵라면 그리고 바
람막이나 외투는 필수품이다.

▼ 백두산이 파노라마처럼 '서파'

▼ 백두산이 파노라마처럼 '서파'

▼ 백두산이 파노라마처럼 '서파'

'동양의 그랜드 캐니언'
금강대협곡

백두산 서파로 올라가 천지를 보고 내려오게 되면 금강대협곡도 같이 보게 된다. 서파 방향에 같이 있는 백두산 관광 명소이기 때문이다.

백두산 화구에서 분출된 마그마로 인해 만들어진 V자 형태의 협곡으로, 수많은 협곡이 빚어낸 다양한 풍경이 펼쳐져 서파 코스에서 빼놓을 수 없는 절경으로 꼽힌다.

입구에는 '창바이산 은하 대협곡长白山 银江 大峡谷'이라고 큰 간판이 걸려있었다.

중국의 영토임을 알리는 오성홍기와 함께 중국어, 한글, 영어로 '길이 미끄러우니 발밑을 조심해라'라는 경고 문구도 걸려있었다.

워낙 기상이 급변하고 비바람이 몰아쳐 낙상 사고가 빈발하기 때문이라고 한다. 또한 산불 사고를 막기 위해 곳곳에 금연을 강조하는 문구도 눈에 띄었다.

금강대협곡은 백두산 화산이 1천 년 전에 폭발하면서 쏟아져 나온 화산 유상 퇴적물 등 화산재가 엄청나게 뒤덮이면서 유래됐다. 이후 각종 풍화와 침식 작용을 거치면서 보기 드문 협곡 모양을 형성했다. 폭은 200~300m, 깊이는 80~100m로 다양한 협곡 지형을 형성해 백두산의 그랜드 캐니언이라고도 불린다.

마치 원시 시대 산림을 산책하는 기분이 드는 곳으로 거의 모든 곳이 나무 계단이나 발판으로 조성돼 자연을 훼손하지 않도록 돼 있다. 마치 딴 세상에 온 것 같은 적막한 산길을 따라가다 보면 계곡 물소리가 들리고 그 양옆에는 칼로 쪼개놓은 듯한 암석 봉우리와 절벽을 마주하게 된다. 일부 지역은 화산재가 퇴적된 탓인지 온통 검은색으로 기이함을 연출했다.

곳곳에는 '불이 나면 종을 울려라'는 표시와 함께 쇠로 된 종이 곳곳에 매달려 있었다. 과거엔 이곳을 지나며 담배를 피다가 산불 사고가 적지 않았다고 한다.

1시 30분 정도 걸린 마치 산책과 같은 금강대협곡 관람을 마치고 출구로 나오다 보니 중국인 단체 관광객 20여 명이 기념사진을 찍고 있었다. 이들도 베이징에서 왔다고 한다.

　50세의 리우 씨는 "창바이산은 중국인들에게도 꼭 가보고 싶은 매우 신비로운 관광 명소 중에 하나"라면서 "특히 요새는 비행기만 타면 쉽게 올 수 있어 여름철 휴가지로 각광받고 있고 회사에서 단체로 보내주는 여행으로도 많이 간다"고 말했다.

　서파 관광 지구에선 야생화가 지천에 널려있는 고산 화원도 꼭 봐야 한다. 노란 만병초, 하늘매발톱 등 2천여 종에 달하는 야생화가 군락을 이루고 있다. 완만한 구릉지라서 산책하는 기분으로 돌아볼 수 있다. 해발 2천m가 넘는 고산지대라 초여름이 돼야 꽃이 피는데 필자가 찾아간 8월 말에는 산 주변이 온통 꽃밭 그 자체였다.

▼ 아찔한 절벽 '금강대협곡'

▼ 아찔한 절벽 '금강대협곡'

백두산 첫 마을을 보려면
이도백하

이도백하二道白河는 백두산에서 발원해 지린성 옌볜 조선족자치주에 흐르는 하천이다.

이도백하 마을을 뜻하는 이도백하현은 지린성 안투安圖현에 위치하고 있으며 백두산자락 아래 첫 마을로 유명하다. 해발 700m 지대에 위치한 아름다운 휴양지다.

백두산 서파를 본 뒤 북파를 보려면 대부분 여기서 하룻밤을 자야 한다. 이들 봉우리의 중간 지대에 위치한 곳이기 때문이다.

이도백화현은 백두산 천지에서 발원한 쑹허강 상류의 이도백화 강변에 있어 이런 지명이 붙었다고 한다.

2006년 지린성 정부가 백두산을 관광 목적으로 개발하고자 창바이산 보호개발구를 만들면서 연변조선족자치주에서 분리해 성 관할로 편입하고 호텔 등 숙박 시설을 조성한 곳이다.

한적한 시골마을이었던 이도백하현은 이후 고급 호텔과 위락시설이 들어서고 중국인 및 한국인 단체 관광객들이 밀려들면서 최고의 호황을 누려왔다.

하지만 2020년 코로나19 사태로 백두산 지역 또한 관광이 제한되면서 문을 닫는 가게와 숙박업소가 속출하고 이 지역 경제는 직격탄을 맞았다.

이도백화현은 주변이 온통 빽빽한 삼림 지대로 창바이낙엽송과 미인송 등이 유명하며 하천의 물 또한 손끝이 얼어붙을 만큼 차가우면서도 투명해 청정 지역임을 자랑한다.

농심이 2016년 이도백하 근처에 연산 최대 100만t 규모의 신 공장을 준공해 백산수白山水를 생산할 정도로 백두산 청정 생수 생산 지역으로도 유명하다.

가족을 동반한 한국인 주재원이나 교민 여행객들은 백두산 인근에서 최고급 시설을 자랑하는 5성급 완다 리조트를 이용하는 경우가 많다.

필자는 여관급 정도 되는 숙소를 잡아 현지 체험을 해보기로 했다. 가격 또한 3만 원 정도 수준으로 비싸지 않았다.

이 여관의 카운터에는 '공기 좋고 물 좋은 백산수 나오는 청정마을 이도백하'라고 중국어와 한국어로 크게 써 붙인 관광 지도가 보였다. 수많은 한국인 여행객들이 거쳐 갔음을 엿볼 수 있었다.

여권을 제출한 뒤 스마트폰 건강코드를 제시해 주숙등기를 마치고 나니 얼마 되지 않아 공안 2명이 숙소로 찾아왔다.

필자와 같은 외신기자는 중국 정부가 집중 관리하는 지역에 들어가면 공안들이 따라다니며 감시하는데 이 케이스에 걸린 것이다.

조선족인 이들 공안은 처음에는 중국어로 묻다가 나중에는 서툰 한국어로 백두산에 온 경위 등을 물었다. 그 뒤부터는 이들 공안이

번갈아가며 여행 내내 필자를 따라 다녔다. 취재 목적이 아니라 동료들과 여행을 왔다며 여행사 스케줄 표까지 보여줘도 막무가내였다.

심지어 천지 북파로 가는 승합차에는 공안이 운전사 바로 옆에 타는 등 밀착 감시했다. 그렇다고 해서 이 공안이 직접 필자에게 다가와 말을 걸거나 위협을 주지 행동은 절대 하지 않았다. 이는 외신기자들이 관광 목적 외에 취재활동을 하지 못하게 하는 무언의 압력인 셈이다. 관광 목적 그대로 활동하고 있는지 지켜보는 방식이다.

결과적으로 같이 온 일행들에게 피해를 준 셈이라 미안함이 앞섰다. 다행히 일행들은 "외지에서 공안들이 우리를 계속 지켜주고 있다고 좋은 쪽으로 생각하자"고 말해 결과적으로 추억거리로 남았다.

나중에 일행들이 공안들에게 찐 옥수수 등 먹을거리도 "수고한다"며 건넸지만 이들은 절대 받지 않았다.

이도백하현은 백두산 청정 마을이라는 명성처럼 자전거를 타거나 도보로 강가를 산책해 미인송림에 가거나 인근 조각테마 공원 또는 습지 테마 공원을 둘러보면 좋다.

화산지대답게 인근에 온천도 있는데 필자가 갔을 때는 코로나19 사태 때문인지 문을 열지 않았다.

중국 정부가 이도백하현을 개발하면서 조선족자치구의 옛 모습을 많이 없앴지만 아직도 곳곳에 한글 간판이 눈에 띄었고 조선족 특산물과 음식을 파는 식당들이 즐비했다.

'황소 조선족 국밥'을 파는 집이 많이 보였다. 한국 음식과 비교하자면 설렁탕 또는 곰탕 같은 음식이었다. 아울러 곳곳에 조선족 맛 냉면, 막걸리 등도 팔고 있었다. 불고기와 전골 등도 맛봤는데 한국인이 먹기에는 상당히 기름지다는 느낌이 들었고 옥수수 막걸리 또한 그다지 감동을 주진 않았다. 오히려 현지에서 생산된다는 '빙천 맥주' 맛이 기가 막혔다.

재밌는 것은 고산지대인 이곳도 다른 중국 지역처럼 여성들이 저녁에 광장무를 춘다는 점이었다.

일행들과 식당에서 식사를 하고 있는데 주인아주머니와 서빙 하던 여직원들이 오후 7시쯤 되자 갑자기 모두 식당 밖 광장에 나가 음악에 맞춰 단체로 춤을 추기 시작했다. 좀 당황스럽긴 했지만 이게 이들의 평소 일상인 듯했다.

다 먹고 음식값을 지불하려고 하자 광장무를 추던 아주머니가 황급히 가게로 들어와 계산을 하더니 다시 춤을 추러 나갔다. 이런 광장무 전경은 이날 저녁 내내 다른 공터에서도 이어졌다.

　다음 날 아침 북파 등반을 앞두고 숙소의 아주머니가 아침밥을
차렸다며 꼭 먹어보라고 했다. 백두산에서 캤다는 도라지와 고사
리 등 나물과 된장국으로 소박하면서도 깊은 맛이 일품이었다.

　밥을 먹고 나서 이도백하현을 마지막으로 산책했는데 오리가 떠
다니는 청정한 하천이 다시 눈에 들어왔다. 하지만 그 옆에서 조성
되는 거대한 호텔 등 조형물을 보고 있으니 이 청정한 지역 또한
개발에 몸살을 앓고 있음을 엿볼 수 있었다.

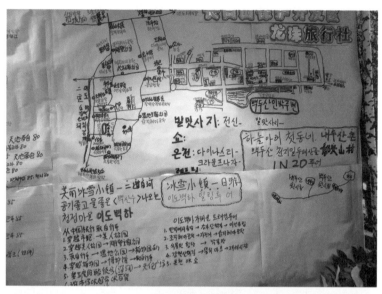

▼ 백두산 첫 마을 '이도백하'

화산호수의 진수가 담긴
백두산 북파

백두산 서파에서 천지의 장엄한 모습을 보고 나니 북파에 대한 기대감이 더욱 커졌다.

북파는 백두산 초창기에 개발된 관광 지역이라서 그런지 서파에 비해 훨씬 규모도 크고 다양한 편의 시설이 구비돼 있다는 느낌이 들었다.

이 지역은 꼭대기에 올라가면 현무암 지형인 북파에서 천지를 볼 수 있으며 장백폭포, 압록강 대협곡, 작은 연못들, 온천, 탄화목 유적지 등 볼거리가 아주 많다.

북파로 들어가는 입구에는 '창바이산 국가지질공원(2009년 8월 중화인민공화국 국토자원부)'이라고 쓰인 큰 석조물이 세워져 있다. 안내 판에는 중국어와 영어로 "백두산이 1천여 년간 11차례 화산 폭발 활동을 했었고 1702년에 마지막 분화가 이뤄진 뒤 휴면 상태에 있다"고 적혀있었다.

아울러 천지는 중국과 조선 양국 간 경계 호수며 천지는 세계 최대, 가장 깊고, 해발이 가장 높은 화산 분화구라고 소개했다. 2000년 백두산 천지가 '해발이 가장 높은 화산호' 기네스북에 올랐다고 한다.

코로나19로 썰렁했던 서파와 달리 북파 입구에는 아침부터 사람들이 몰리기 시작했다.

8월 한여름인데도 다들 두터운 점퍼를 챙겨 입거나 들고 있었는데 필자는 베이징에서 온 그대로

반바지에 반팔 차림이었다. 하지만 나중에 이렇게 입고 간 걸 정말 후회했다.

입구에서 안전 검사를 마치고 긴 나무 갑판을 따라가면 북파로 올라가는 버스를 탈 수 있는 관광센터 겸 대합실이 나온다. 전광판에는 이 관광지구 1일 입장객이 2만5천 명으로 제한돼 있고 천지는 3천500명만 들어갈 수 있다며 입장 현황이 게시됐다.

서파와 마찬가지로 북파에 가려면 대형 버스를 타야한다. 버스 또한 모든 좌석이 찰 때까지는 출발하지 않았다. 이건 중국의 어느 관광지를 가도 똑같은 불문율인 것 같았다.

30여 분 정도 달리던 대형 버스가 환승역에 도착하면 모두 내려서 이번에는 6인용 승합차를 타야 한다. 북파로 올라가는 길이 매우 험하고 가팔라 서파처럼 중형 버스도 아닌 승합차가 필요한 것이다.

북파의 경우 서파와 달리 천지 바로 앞까지 갈 수 있다는 점에서 승합차 이용도 나쁘진 않았다. 승합차를 타기 위해 길게 줄을 서는데 대기열 곳곳에 농심 '백산수'와 '신라면' 광고가 보여 눈길을 끌었다. 중국에서도 '신라면'이라는 이름 그대로 판매를 하는데 중국인들의 취향을 고려한 듯 그 맛은 한국과는 좀 다르다.

　승합차에 올라타 아찔한 낭떠러지를 구경하다 보면 어느새 북파 턱밑까지 이르게 된다. 에스자 형태로 굽이지는 경사 도로를 따라 승합차가 올라가다 보면 어느새 백두산의 넓은 초목지대와 구름이 보여 장관을 이룬다.

　승합차가 내리면 바로 북파 정상이 보인다. 여기서부터는 여유 있게 걸어서도 10분 정도면 천지까지 도착할 수 있다. 계단 또한 완만해 산책하는 기분이 들 정도였다.

　야생화가 만발했던 서파 지역과 달리 북파는 온통 화산암 지형 이라 나무는 찾아볼 수 없고 목초지 정도만 눈에 띄었다. 그리고 봉우리와 주변이 온통 누렇고 흑갈색의 기괴한 화산암이라 이곳이 정말 화산지대임을 체감할 수 있었다.

　북파는 서파와 달리 엄청난 강풍이 불었다. 몸을 겨우 가누면서 북파에 올라 천지를 내려다봤다. 서파처럼 넓게 천지의 모든 전경이 보여주진 않았지만 화산암과 어우러져 천지 본연, 날것 그대로의 모습을 보여주는 독특함이 있었다.

신기한 광경을 넋을 잃고 바라보던 사람들도 이제야 정신을 차렸는지 저마다 휴대전화를 꺼내 사진을 촬영하고 동영상을 찍기에 바빴다.

재밌는 점은 천지에서도 휴대전화가 된다는 것이다. 중국인들은 위챗 영상 통화를 연결해 본인 집의 가족들에게 천지 상황을 실시간을 보여주면서 즐거워했다. 필자 또한 위챗 영상 통화로 서울에 있는 가족들에게 천지의 감동스러운 장면을 전달했던 기억이 난다.

중국의 유명 관광지답게 천지 북파에는 중국인 단체 관광객들이 많았다. 동호인 단체로 보이는 중국인들이 플래카드를 들고 단체

사진을 찍는 장면도 눈에 띄었다. 중국 당국은 천지 주변에서 플래카드나 구호를 외치는 것을 금지하고 있는데 이날은 단속받지 않는 분위기였다.

북파에 오른 지 10여 분 정도 지나자 온몸에 한기가 몰려왔다. 북파의 강력한 바람과 안개에 체감 온도가 영하 10도 이상 떨어져 냉동고 속에 있는 것과 다름없었기 때문이다. 다들 두터운 롱패딩을 입고도 떨고 있는데 필자는 반팔에 반바지 차림을 했으니 뼈가 시릴 정도로 추울 수밖에 없었다.

온몸이 얼어붙은 상태라 어쩔 수 없이 천지의 웅장함을 뒤로하고 하산 길에 나섰다.

내려오다 보니 북파 바로 옆에 중국군 기지가 보였다. 전형적인 군부대 모습으로 이곳이 북중 경계선이다 보니 경계 초소 또는 통신소 용도로 쓰이는 듯했다.

▼ 화산의 웅장함 '북파'

▼ 화산의 웅장함 '북파'

▼ 화산의 웅장함 '북파'

가깝고도 먼
창바이폭포로 가는 길

북파에서 다시 승합차와 버스를 타고 내려오면 가장 먼저 찾게 되는 곳이 바로 창바이(장백) 폭포다.

어찌나 우렁찬지 폭포가 보이지 않아도 물 떨어지는 소리가 멀리서 들릴 정도다.

창바이폭포는 68m 수직 절벽에서 떨어지는 급류로 주변의 암석 지형과 어우러지면서 압도하는 절경을 뽐내 중국에서도 꽤 유명하다고 한다.

창바이폭포로 가는 입구에는 큰 광장과 휴게소가 있다. 중국인들도 신성시하는 곳이라서 그런지 광장에 엎드려 절을 하는 사람들과 명상을 하는 사람들 그리고 곳곳에 무당들이 제를 올릴 때 쓰는 표식들이 보였다. 왠지 티베트 라싸拉薩와 같은 분위기를 풍겼다.

휴게소 가판대에서는 여느 휴게소처럼 컵라면과 중국식 소시지 구이 등을 팔고 있었다. 바로 옆에는 83℃의 뜨거운 물로 유명한 '창바이산 온천'이 자리 잡고 있었다.

유황 냄새와 더불어 유황 특유 흑적색 색깔 돌의 틈에서 온천물이 솟아나고 있어 이곳이 화산 온천임을 단번에 알 수 있었다. 온천 자체는 크지 않지만 바로 옆에서 상인들이 온천물에 옥수수와 계란을 삶아서 관광객에게 팔고 있었다. 돈을 내면 대형 국자로 온천물에서 옥수수 등을 건져 주는 방식으로 약간 짭조름한 맛이 났다.

이제 본격적으로 창바이폭포 쪽을 발걸음을 돌렸다.

폭포 소리가 들려서 가까울 줄 알았더니 표지판에 거리가 1천m라고 쓰여있다. 더구나 평지가 아니라 끝없는 나무 갑판과 계단으로 이뤄졌고 오르막길이라 8월 한여름에 걷기엔 쉽지 않았다.

다만 곳곳에 소규모 노천 온천들이 널려있어 보는 재미가 쏠쏠했다. 숨이 턱까지 차오를 때쯤되면 폭포 소리가 점점 커지기 시작한다. 창바이폭포에 거의 다 왔다는 신호인 셈이다.

창바이폭포가 보이기 시작하니 이미 수백 명의 관광객이 몰려서 사진을 찍는 등 북새통이었다. 창바이폭포 바로 앞에는 조선족 전통복장이라면서 한복을 대여해 주는 곳이 있어 빌려 입고 사진을 찍는 중국인 여성들이 적지 않았다. 빨간색, 파란색, 청색 치마에 색동저고리로 색깔이 강력해 마치 북한의 한복을 보는 듯한 느낌이었다.

정면에 보이는 창바이폭포는 마치 화성의 계곡에서 물이 떨어지는 것처럼 기이한 모습을 연출했다. 화산지대답게 주변에 나무가 거의 없는 가운데 돌로 된 계곡 사이에 이렇게 웅장한 폭포가 쏟아지고 있었기 때문이다.

창바이폭포 바로 옆에는 천지로 통하는 옛 등산로가 보였다. 예전에는 이 길을 통해 천지까지 가기도 했다고 하는데 현재는 폐쇄됐다고 여행 가이드는 말했다. 이 등산로로 걸어가면 4~5시간 정도 걸렸다고 하는데 이제는 갈 수 없다는데 아쉬움이 남았다.

　또한, 창바이폭포 바로 앞 기념품 가게에서는 북한 돈도 팔고 있었다. 동전부터 지폐까지 모두 모아서 2만 원 정도에 팔고 있었다. 북한 돈을 창바이폭포에서 구경하다니 느낌이 새로웠다.

　북한에서는 우표나 돈을 해외로 수출해 기념품으로 팔아 외화를 벌어들인다고 하는데 역시나 백두산에서도 이런 광경이 벌어지고 있었다.

　이 상점의 중국인 점원은 "북한 돈 기념 책은 한국 사람들이 좋아해서 갖다 놓았는데 요새 코로나19로 한국 사람들이 오질 않아 별로 팔지 못하고 있다"고 말했다.

　창바이폭포에서 내려오는 길에 노천 온천을 자세히 들어보니 중국 위안화 지폐와 동전이 온천물 속에 수북이 쌓여있었다.

창바이폭포 온천물에 돈을 던지면 복이 온다는 미신이 있다고 한다. 자세히 보니 한국 돈 100원짜리와 500원짜리도 보였다. 이 많은 돈의 주인들은 과연 모두 복을 받았을까.

▼ 백두산의 우렁찬 함성 '창바이폭포'

백 두 산
어디까지

가 봤 니

백두산
천지 괴물과
호랑이는
어디로

Part
02

남북 정상도 올랐던 천지,
조선시대엔 제단이

백두산 천지는 2018년 9월 문재인 대통령과 김정은 북한 국무위원장이 부부 동반으로 찾아 큰 화제가 됐던 곳이기도 하다.

　당시 남북 정상은 백두산 장군봉에서 오랫동안 전경을 감상한 뒤 천지에 내려가 호반을 거닐며 백두산에 오른 소감을 나눴다.

　남북 정상이 천지를 만남의 상징적인 장소로 이용할 만큼 한민족에겐 소중한 곳인 셈이다.

　일제 강점기 때는 일본 총독부가 한민족의 정기를 끊기 위해 백두산 천지에 쇠말뚝을 세웠다. 그리고 제단을 마련한 뒤 무속인들을 동원해 천황의 시조신이자 일본인의 조상신으로 알려진 '아마테라스 오미가미(踐祚)'에게 제사를 지내는 만행을 저지르기도 했다.

　천지는 신령스러운 산인만큼 조선시대에는 제단이 꾸며져 있었

다고 한다.

북한 측 지역인 백두산 향도봉 소분지에 제단 유적이 발견됐는데 금석문(종, 비석, 성돌, 기와와 같은 금속이나 돌 등에 새겼거나 쓴 글)이 출토됐다. 이 금석문에는 조선시대 초기에 이곳에서 힘을 비는 제사를 지냈다는 내용이 새겨져 있었다.

중국 장춘대학에서도 백두산 지역에서 고대 북방민족들이 사용한 것으로 추정되는 대형 제사유적을 발견했다.

백두산에서 북서쪽으로 72km 떨어진 지린성 푸쑹현 완량진 해발 900m 지점에서는 돌로 축조한 6개의 방형제단과 2개의 원형제단을 비롯해 우물 1개와 비석 1개 등 고대 제사유적이 발굴됐다. 제단 주변에서는 돌칼, 돌도끼, 깨진 도자기 조작, 흑요석 등 각종 도구가 다수 출토됐다.

중국 학자들은 만주족의 선조인 여진족이 금(金)나라를 건립한 후 백두산을 '흥망의 땅(興亡之地)'으로 보고 '호국영응왕(護國靈應王)'과 '개천굉성제(開天宏聖帝)'로 봉해 사당을 세우고 제사를 지냈다는 주장을 하고 있다.

고구려 등을 자국사로 편입하려는 중국의 동북공정에 우리나라가 강력히 반발하는 가운데 중국 고고학계는 고고학 분야의 주요 발견에 백두산 관련 유적을 후보군에 포함하는 등 논란이 끊이지 않고 있다.

민족의 성지 '천지'
어디까지 중국 땅일까

백두산 국경문제는 1712년 조선 숙종 때 청과 불명확하게 백두산정계비를 세운 이후 오랫동안 풀리지 않는 역사적 숙제였다.

백두산정계비는 백두산 천지에서 동남쪽으로 4km 떨어진 해발 2,200m 지점에 세워진 조선과 청나라의 국경을 표시한 비석이다.

당시 청나라의 오라총관 목극등穆克登은 조선의 접반사接伴使(외국 사신을 접대하는 벼슬아치)가 아닌 군관을 만나 '서쪽의 압록과 동쪽의 토문土門을 분수령으로 삼는다'는 글을 새긴 비석을 세웠다.

이 백두산정계비의 문구는 19세기 후반 이후 한중 학자들 사이에 논쟁으로 비화됐다. 조선 학자들은 비석에 있는 토문강이 두만강이 아니라 쑹화松花강이라고 주장했다. 하지만 청나라 쪽에서는 토문강을 두만강이라고 반박하면서 접점을 찾지 못했다.

그러던 중 1909년 일제가 청나라 해석을 받아들인 간도협약을 맺으면서 두만강이 한국과 중국의 경계로 확정됐고 백두산 천지가 통째로 중국에 귀속됐다.

그러나 해방 이후 남북한 모두 이를 인정하지 않았고 중국은 인도와 국경 분쟁을 겪으면서 백두산 경계 문제에 관심을 갖게 됐다.

중국은 1959년에 발생한 중국과 인도의 국경 무력충돌 사태 당시 소련정부가 중립을 표방하며 내용적으로 인도 측을 두둔하자 상당한 충격을 받았다.

이를 계기로 중국은 1960년대 초에 아프가니스탄, 몽골, 북한 등과 국경문제 해결에 나섰다. 북한도 국경문제가 향후 양국관계에 문제가 되는 것을 막고자 국경선 획정의 필요성을 느끼고 있었다.

북한과 중국은 압록강과 두만강을 경계로 나뉘어 있어 비교적 경계 획정이 수월했다. 문제는 하천 중간에 위치한 섬과 하천 경계가 없는 백두산 천지 부근이었다.

북중 양국은 이미 1956년에 압록강 두만강에서 목재운송에 관한 의정서를 체결했고 1958년에 두만강 치수공사 설계서에 관한 합의서를 교환했다. 1960년 5월에는 '수상운수 협조에 관한 협정'을 체결하는 등 국경하천의 평화적 공동이용을 위한 협력을 해왔다.

북중 지도부가 국경선 획정문제를 본격적으로 논의한 것은 1962년이었다.

저우언라이周恩來 중국 총리가 1962년 중국 공산당 중앙위원회 동북국 책임자와 북중 국경선 문제를 먼저 논의했다. 그해 방중한 북한 최고인민회의 대표단 및 주중 북한대사와도 이 문제를 논의했다.

저우언라이 총리는 1962년 10월 비밀리에 평양을 방문해 백두산 천지의 경계선 근거를 규정한 북중 간 조약을 체결했다. 이 조약에서 천지 서북부는 중국에 귀속되며 동남부는 북한에 귀속되도록 규정했다.

북중 양측은 1963년 현지 탐측조사를 거쳐서 백두산을 포함한 전 국경지역의 경계선을 확정했다. 주목할 점은 양국이 천지를 북한 54.5%, 중국 45.5%로 분할했다는 점이다.

박성철 북한 외무상과 천이陳毅 중국 외교부장은 1964년 3월 '북중 변계의정서'를 체결하면서 국경선 획정문제를 종결지었다.

　북중 양측은 국경조약을 체결하면서 북한은 영토적 실익을 확보했지만 중국은 분쟁 요인을 차단하는 데 주력했다는 주장이 많다.

　당시 실제 국경선 획정 과정에서 천지 총면적의 54.5%가 북한 경내에 속하게 됐고 현재도 이어지는 것으로 알려졌다. 이는 당시 중국이 중소 분쟁으로 중국에게 북한의 전략적 가치가 높아 일부 양보한 것이라는 평가도 나온다.

　국경 획정 이후 중국에서는 북한에 너무 많은 양보를 한 것 아니냐는 불만이 있었다. 문화대혁명 과정에서 조선족 지도자들이 국경문제로 홍위병들에게 수난을 받기도 했다는 문헌도 있다.

　북한은 김일성 · 김정일 · 김정은 부자를 백두 혈통이라며 백두산 정기를 강조하면서 세습 통치를 정당화하는 등 백두산을 신성시하고 있다.

백두산 천지의
원래 이름은 무엇일까

백두산 정상의 호수에 천지라는 이름을 붙인 사람이 중국인이라는 학계 주장이 많다.

　1908년 청나라 봉길감계위원이던 유건봉이 백두산 일대를 답사한 뒤 천지란 명칭을 처음 사용한 뒤 천지가 이 호수의 이름으로 정착됐다는 것이다.

　우리나라 고지도에는 큰 못을 뜻하는 대택大澤이나 대지大池로 표기돼 있고 서양의 고지도에는 중국의 영향을 받아 용왕담으로 기록돼 있다.

　중국은 지난 1992년부터 '창바이산(백두산長白山) 천지'라는 지명을 공식 사용하기 시작했다. 지린성지명위원회는 1992년 '창바이산 지명 사용문제에 관한 통지'를 발표하고 '창바이산 천지'를 '백두산 천지'와 병기하도록 지시했다

　통지는 '창바이산'의 지명 유래에 대해 "요나라 때부터 1천 년간 사용해 온 지명으로 천지를 역사적으로 창바이산 천지로 불러왔다"며 "백두산은 조선(북한)과 한국이 창바이산에 대해 부르는 칭호"라고 언급했다.

　그러면서 "국제관례에 따르면 국계 호수인 천지에 대해서는 양국이 각자 다른 호칭을 쓸 수 있으며 중국에서는 천지를 계속 창바이산 천지라고 해야 한다"고 강조했다.

　통지는 북한과 중국이 1962년 체결한 '북중변계조'에서 양국이 백두산 천지를 지명으로 사용한 것을 의식해 창바이산 천지 뒤에 괄호를 치고 백두산 천지로 표기할 수 있다고 권고하기도 했다.

중국은 이 통지가 발표된 후인 1993년 천지, 창바이폭포, 고산지대, 삼림 등 백두산의 자연환경을 주제로 한 4종의 우표를 발행하면서 '창바이산 천지'라는 지명을 단독으로 사용했다.

중국에서 발행되는 지도에서도 1990년대 말까지 백두산 천지라는 지명이 사용되다 2000년대 들어 기본적으로 '창바이산 천지'를 사용하고 있다.

백두산은 여러 가지 별명을 가지고 있다. 백산白山, 태백太白, 장백長白 등이다. 그러나 이는 한자가 들어온 이후의 것들이며 그 이전에는 순수한 우리말로 '한밝메'였다.

지리적으로 고조선 중심부에 있었기 때문에 우리말로 불렸으나 문자가 없어 기록하지 못했다. 이후 한문이 도입되면서 우리말 음에 따라 한자표기가 이뤄졌을 것이라는 추측이다.

중국 측은 900년대 요나라 시대의 문서에 창바이산으로 표기돼 있기 때문에 당연히 창바이산으로 해야 한다고 주장하고 있다.

옌볜 지방에서 창바이산이라는 지명이 널리 사용되고 있지만 '삼국유사'에 '오대산五臺山, 백두산白頭山, 대근大根', 오대산은 백두산의 큰 줄기라는 대목이 있다. 이 시대가 신문왕 재위(681~691년)에 해당한다. 즉 중국이 주장하는 근거와 비교할 수 없을 정도로 빨리 백두산이라고 불린 셈이다.

세계 기네스북에
등재된 천지

천지는 백두산 화산 분화구의 꼭대기에 위치해 있다.

화산이 분출한 후 자연스럽게 형성된 화산호수다. 남북 길이가 4.400여 m, 동서 너비가 3.370여 m며 가장 깊은 곳은 374m, 수면 면적이 9.82km², 둘레가 13.1km다. 천지 수면의 해발 높이는 2189.1m다.

백두산은 쑹화강, 두만강, 압록강의 원천으로 천지는 쑹화강의 원류며 중국과 조선의 양국 경계 호수다.

천지는 세계에서 가장 크고 가장 깊고 해발이 가장 높은 화산호수다. 2000년 '해발이 가장 높은 화산호'로 세계 기네스북에 등재됐다.

아울러 중국은 2007년 창바이산(백두산) 눈문화축제에 맞춰 형상화한 눈 조각품을 세계에서 가장 큰 눈 조각으로 기네스북에 등재하기도 했다.

창바이산개발건설집단이 중국의 저명한 눈 조각가들을 초청해 만든 '자연의 창바이산'이란 제목의 눈 조각품은 기네스북 상하이 총부로부터 세계기록증서를 받았다.

　　기네스북에 오른 조각품은 백두산 북쪽 쑹화강 대협곡에 설치한 '신비한 삼림', '창바이산 산신'과 그 부조물인 '표범회귀', '동물백태' 등 다양한 형상의 눈 조각이다. 눈 조각의 전체 길이는 243.3m, 총 눈 사용량은 3.4만m^{3}에 달한다.

천지에 괴물 있을까,
진산지보의 전설도

백두산 천지에 괴물이 산다는 설은 어릴 적부터 많이 들었던 내용이다. 직접 천지에 올라가 보면 마치 선사시대에 온 것 같은 느낌이 들 정도로 장엄하고 기이한 느낌이 들기 때문에 괴물이 산다고 해도 이상할 게 없을 정도다.

백두산 천지 속 괴생명체에 관한 루머는 58년 전으로 거슬러 올라간다. 1962년 한 사람이 백두산 천지 물속에서 괴생명체 2마리가 서로를 쫓는 것을 망원경을 통해 봤다는 이야기가 전해진다.

관광객들의 방문이 잦아진 1990년대 후반 이후에는 거의 매년 괴물을 촬영했다는 사진과 영상이 외신을 통해 보도됐다.

하지만 아직 한 번도 가까운 곳에서 정확한 모습이 촬영된 적은 없어 그 실체에 대해서는 논란이 분분하다.

천지 상공에서 미확인비행물체(UFO)로 추정되는 발광체가 목격됐다는 증언도 끊이지 않고 있다.

2005년에는 백두산 소천지小天池 남쪽 산비탈에서 정체불명의 발광체가 창바이산 화산관측소 직원과 관광객 등에 목격됐다.

화산관측소 직원이 이 장면을 촬영할 당시 발광체는 타원형으로 변형돼 있었으며 이후 10분 정도 상공에 더 머물러 있다가 산 너머로 사라졌다고 한다.

북한 쪽에서는 '천지 괴물설'을 부인하고 있는 반면 중국에서는 괴물의 존재를 믿고 있는 편이다.

북한은 1980년대 초반부터 천지에 과학자, 지질학자, 기상학자 등으로 구성된 '백두산 천지탐험대'를 상주하고 있다.

북한 측은 "이상한 동물들은 발견됐으나 사진 등을 분석한 끝에 천지의 바위에서 곰들이 뛰어내려와 수영을 하는 것으로 파악됐다"고 밝히고 있다.

북한 과학자들은 천지에 거대한 괴물이 서식하려면 먹이가 풍부해야 하는데 천지에는 그만한 먹잇감이 없다는 점도 천지에 괴물이 살 수 없다는 근거의 하나라고 지적하고 있다.

북한 측 주장에 따르면 천지에는 현재 북한 당국이 인위적으로 옮겨 살게 한 산천어와 붕어 그리고 버들치와 종개 정도만이 서식하고 있다.

이와 달리 중국에서는 1980년대 중반부터 '천지 괴물 출현설'이 퍼져 1990년대 들어서는 아예 '중국 창바이산 천지괴수연구회'가 조직됐다.

이 연구회는 천지 괴물이 매년 7~8월 호수 중심의 물 밖으로 나와 10~20분 정도 헤엄을 친 후 물속으로 사라져 버리는 특성을 지니고 있다고 주장했다.

중국에는 천지의 괴물에 관해 전문적으로 연구하는 학자만 100여 명에 달할 만큼 괴물의 존재를 믿는 분위기가 강하다. 괴물의 형태는 '네시'와 비슷한 것으로 보고 있다.

북한이 '천지 괴물설'을 강력하게 부인하는 가장 큰 이유는 백두산이 '민족의 영산'이고 김일성의 항일빨치산 투쟁 근거지라는 점을 고려한 것으로 보인다.

정치적으로 커다란 상징성을 가진 백두산 천지에 '괴물'이 존재한다고 할 경우 북한 정권이 입게 되는 이미지 훼손을 우려하고 있는 셈이다.

반면 중국은 관광 상품 개발이라는 측면에서 '천지 괴물설'을 증폭시키고 있다는 지적을 받고 있다.

과학적으로 따지자면 천지 물의 원천은 61%가 지하수다. 나머지는 강수량(30%)과 주변에서 흘러들어 오는 물(9%)이다. 하지만 수질이 깨끗해 사람도 먹을 수 있을 정도다.

이처럼 천지에 괴물이 살고 있다는 온갖 소문이 있었지만 실제로는 존재하지 않는다는 게 학계 정설이다.

학계에서는 "천지는 수온이 매우 낮아 미생물도 살기에 매우 부적합하고 1년에 8개월 이상 얼음으로 덮여서 괴물 등 거대한 동물이 살기에는 매우 부적합한 환경"이라고 평가하고 있다.

현재까지 파악된 바로는 주로 곰과 수달 등이 천지 주변에 사는 것으로 파악된다.

1960~1980년대에는 북한에서 5종의 어류를 인공적으로 방류했으며 잉어와 산천어 등이 서식하고 있다.

중국 지린성 창바이산 보호개발구관리위원회는 천지 괴물설을 홍보에 이용하기 위해 휴게소 등에 '천지 수괴水怪'라는 한 쌍의 아기 공룡처럼 생긴 괴물 마스코트를 전시하며 팔고 있다.

한편, 중국의 한 연구자가 백두산 일대에 거주하는 주민으로부터 금金나라 시대의 제기를 입수했다고 한다. 이를 계기로 그동안 입으로만 전해지던 '진산지보鎭山之寶(산을 진정시키는 보물)'의 전설도 새롭게 조명을 받고 있다.

진산지보는 천지에 갖다 놓으면 '산과 물이 조용해지고 괴물도 나타나지 않는다'는 보물이다. 이 때문에 옛날 비적들 사이에서 이 유물을 놓고 쟁탈전이 벌어져 수많은 사람이 숨지기도 했다고 한다.

백두산 천지에 어류는
어디서 왔을까

백두산 천지는 둘레 길이가 14.4km, 최대 수심이 384m, 평균 수심도 213.3m에 달하는 세계 최대 규모의 화산호수다.

천지에는 1960년 이전만 해도 어떤 물고기도 살지 않았던 것으로 전해지고 있다.

1980년대 중반 이후 중국에서 천지 '괴물 출현설'이 제기되기도 했다. 하지만 천지의 생태환경으로 볼 때 거대한 '괴물'은커녕 작은 물고기조차 살 수 없는 상황이었다. 부유식물과 곤충류, 수중식물 정도만 서식했던 것으로 보인다.

천지에 물고기가 살 수 없었던 이유는 물의 성분이나 수온, 먹이 등 조건이 나빠서가 아니라 천지의 물이 흘러내리는 장백폭포가 무려 68m에 달해 물고기가 천지로 거슬러 올라갈 수 없었기 때문이라는 게 정설이다.

하지만 지금은 천지에는 여러 종의 물고기가 살고 있다고 한다. 이는 북한 당국의 인공적인 조치에 의해서다. 1960년 7월 붕어와 산천어를 천지에 옮겨 넣어 연구하기 시작한 것이 계기가 됐다.

북한 어류학자들은 붕어와 산천어를 천지에 넣어 인공 서식을 시도했고 이후 산천어와 참붕어, 버들치, 종개도 추가됐다. 가장 적응을 잘한 어류는 산천어라고 한다.

북한 백두산 천지 종합탐험대는 1993년 천지에서 몸길이 72cm,

몸무게 5.1kg에 이르는 초대형 산천어를 잡았는데 무려 12년 동안
자란 것이었다.

백두산 천지,
헬기로도 볼 수 있다

백두산 천지를 반드시 도보로만 볼 수 있는 건 아니다.

시대가 발전하면서 2014년부터 백두산 헬기 관광이 개시됐기 때문이다.

베이징 서우두首都 헬기항공서비스공사가 백두산 북파 코스 입구에서 운항하고 있다.

헬기 관광에는 7인승짜리 유로콥터 EC-135 기종이 투입됐다. 천지, 창바이폭포, 금강대협곡, 고산 화원, 수직경관대 등 백두산의 주요 명소를 총 15분가량 공중에서 감상할 수 있게 해준다고 한다.

중국 당국은 헬기 관광 시작을 계기로 백두산 일대에 헬기를 활용한 순찰, 삼림 보호, 항공 촬영 등을 확대하는 분위기다.

다만 10만 원이 넘는 비싼 요금 탓인지 필자가 찾았던 2020년 8월에 헬기를 이용해 천지를 구경하는 관광객들은 찾아볼 수 없었다.

헬기 관광뿐만 아니라 백두산의 북한 쪽 지역인 동파 관광도 중국인은 가능하다.

북한과 국경을 맞댄 옌볜 조선족자치주 허룽시에서 출발하는 이 관광코스는 두만강을 건너 북한 양강도 대홍단군, 삼지연군을 거쳐 백두산의 동파를 둘러보는 여정이다.

1992년 개통된 이 관광코스는 혹독한 추위를 피해 매년 6~9월 운영됐으나 북한의 핵실험 강행 등으로 중단됐다가 2014년에 재개된 바 있다.

백두산은 1962년 체결된 북·중 국경조약에 따라 양국 영토로 나뉘어 있으며 현재 천지를 기준으로 동서남북의 주요 관광로 4곳 가운데 동쪽만이 북한 영토다.

북한은 중국인 관광객들에게 백두산 밀영, 리명수혁명사적지, 무포숙영지, 무산지구전투승리기념탑 등 '혁명전적지'를 관람시키고 백두산 최고봉인 장군봉과 천지로 안내하는 코스를 운영하고 있다고 한다.

백두산 천지 수역
함부로 들어가면 안 돼, 벌금형

중국은 통제의 나라답게 천지 수역 등 백두산 핵심지역에 대한 출입도 철저히 통제하고 있다.

중국 지린성은 2019년 천지 수역을 비롯해 툰드라, 원시림 등 자연보호구 핵심지역에 대한 출입을 금하는 규정을 마련했다. 과학적 목적으로 사전에 허가를 받은 경우에만 예외가 인정된다.

이에 따라 자연보호구에 허가 없이 동물을 방사하거나 외래종, 유전자변형 생물을 들여오는 것도 금지된다.

이를 어기면 최대 10만 위안(약 1천719만)의 벌금형에 처해질 수 있다고 한다.

원시림 등에 대한 탐험행위와 기복신앙에서 비롯된 무허가 동물 방사 행위가 백두산의 생태계를 위협한다는 비판 속에 이러한 규정이 만들어진 것으로 보인다.

특히 천지의 수질은 매우 깨끗하기로 정평이 나있다. 북한 당국은 천지의 수질과 관련해 사람이 마실 수 있는 건강에 매우 좋은 물이라고 소개하고 있다. 천지의 물에는 각종 미네랄을 비롯한 인간의 건강에 필요한 여러 가지 성분이 들어있는 것으로 알려졌다. 반면 인체에 해로운 질소화합물은 전혀 없는 편이다.

일반적으로 화산호수의 물은 산성도가 3.0 정도이지만 천지의 물은 7.6~7.8로 약알칼리성인 점도 청정수로 꼽히는 이유 중에 하나다.

이처럼 천지 물이 깨끗한 것은 천지로 흘러드는 물 가운데 84%가 분화구에 직접 내리는 비인 데다 나머지 16%는 호수 바닥의 땅

속 물과 온천물이기 때문이다.

분화구에 떨어진 빗물 가운데 43% 정도는 호숫가에 떨어져 운적층에 스며들었다가 얼음층 표면을 거쳐 천지로 흘러 들어간다.

이 과정에서 각종 광물질이 용해되고 이온화되는 것이다. 백두산 천지의 최대 깊이는 384m, 총 둘레는 14.4km로, 여기에 저장된 물은 19억5500만m³에 달한다.

백두산 호랑이 과연 있을까,
불법 사육까지

매년 해마다 중국 동북 지역에 백두산 호랑이(러시아명 아무르 호랑이)가 출몰했다는 뉴스가 세간에 관심을 끈다.

호랑이가 민가나 도로에 내려온 것을 목격한 사진이나 동영상이 SNS에 나돌면서 주요 뉴스가 되는 것이다. 그만큼 백두산 호랑이는 희귀종으로 이제는 보기 힘들다는 반증이기도 하다.

중국 정부는 이처럼 멸종위기에 있는 백두산 호랑이를 보존키 위해 동북지방에 서울 면적의 25배에 달하는 영역을 국립공원으로 지정하는 등 보호에 열을 올리는 분위기다.

지린성과 헤이룽장성은 지난 2017년 '동북 호랑이(백두산 호랑이의 중국식 명칭) 국가공원 체제 시행방안'을 수립해 중앙 정부의 비준을 받은 뒤 국가공원 건설 사업을 진행해 왔다.

백두산 호랑이 국가공원은 지린성 연변조선족자치주 왕칭汪淸, 훈춘琿春과 헤이룽장성 닝안寧安, 둥닝東寧을 아우르는 라오예링老爺嶺 남부지역에 총 1만5천km² 면적으로 조성된다.

2017년 이후 4년간 동안 서식지 보호조치를 실시한 결과 백두산 호랑이 개체 수는 27마리에서 50마리로 늘어났다.

북한 지역에도 백두산 호랑이 20여 마리가 서식하는 것으로 추정된다.

백두산 호랑이는 희귀 야생동물로 국제자연보전연맹(IUCN)의 '적색목록'에 등록돼 있다. 최대 서식지인 러시아 시베리아·극동 지역 등에 560~580마리가 살고 있는 것으로 파악된다.

2013년 유네스코 MAB(인간과 생물권 계획) 중국위원회와 러시아위원회는 백두산 호랑이 보호를 주요 내용으로 하는 협약을 체결했다. 이를 토대로 양국은 공동 연구와 기술 교류를 진행하고 백두산 호랑이가 국경을 자유롭게 넘나드는 환경을 조성해 야생 번식 확대를 유도하는 협력을 해오고 있다.

현재 우리나라에서는 멸종위기 야생동물 1급으로 지정돼 있으며 1924년 전남 지역에서 6마리가 포획된 것을 마지막으로 백두산 호랑이는 멸종된 것으로 기록돼 있다.

러시아는 지난 2011년 백두산 호랑이 암수 1쌍을 양국 우호의 상징으로 한국 측에 기증한 바 있다.

이런 보호 노력에도 중국에서는 백두산 호랑이의 불법 사육 사건이 계속 적발되고 있다.

2015년 중국 당국은 산둥성에서 칭다오시 인민대표대회 대표 등이 허가도 없이 백두산 호랑이 8마리를 키운 사실을 적발해 관련자들을 징계하고 불법 사육자에겐 한화 54만 원의 벌금을 부과했다.

백두산 호랑이의 불법 사육이 관심을 끌게 된 것은 춘절 기간에 칭다오 핑두平度의 11층짜리 빌딩 옥상에서 호랑이 한 마리가 떨어져 죽는 사건이 발생하면서부터다.

이 호랑이는 빌딩 주인 양 모 씨가 관광지에서 위탁받아 당국 허가 없이 빌딩 옥상에서 대형 철장을 설치하고 키워오다 사고를 당한 것으로 파악됐다. 이 호랑이는 사고 당일 폭죽놀이 소리에 놀라 철장을 넘어 옥상에서 뛰어내리다가 죽은 것으로 밝혀졌다.

당시 도심 번화가 한복판에서 호랑이가 사망한 데다 바로 인근에는 아파트 등 주거지가 밀집해 있어 큰 인명 사고로 번질 수도 있었다. 문제는 양 모 씨만이 백두산 호랑이를 불법으로 키웠던 게 아니었다는 점이다.

중국 당국은 이 사건을 조사하는 과정에서 죽은 호랑이 한 마리를 제외하고도 칭다오 인민대표회의 대표들이 7마리를 키우고 있다는 사실을 발견했다. 이들 중 1명은 지난 2011년 자신의 공식 홈페이지에 백두산 호랑이를 기른다고 자랑하기도 했다.

이들 호랑이를 키우는 데는 마리당 하루에 3만6천 원 이상의 비용이 들었으며, 주변 사람이 알아채지 못하도록 건물 옥상 등에 높은 철창을 만들어 격리시키는 방법 등을 썼다.

문제가 커지자 불법 사육자들은 호랑이를 키우는 데 허가가 필요한지 몰랐다고 발뺌했으나 이들 호랑이 불법 사육과 관련된 핑두시 임업국 관계자들은 직무 정지를 당했다.

중국 지린성의 한 동물원에서는 백두산 호랑이를 학대한 사실이 드러나 물의를 빚었다. 2013년 지린성

장춘시의 동물원인 동북호원東北虎園에서 새끼 백두산 호랑이 한 마리가 목에 줄이 감긴 채 탁자에 묶여있는 사진을 인터넷에 올라와 학대 논란이 일었다. 다른 사진에는 무기력하게 탁자에 엎드린 새끼 호랑이의 등에 관람객이 올라타 즐거워하는 모습이 찍혔다.

이 동물원은 중국 국가임업국과 지린성 임업청이 다친 야생동물을 구조하고 멸종위기에 처한 동물을 보호할 목적으로 지난 2009년 4월 개원한 곳이었다.

백두산 화산
언제 터질까

한국 영화 '백두산'을 보면 백두산 분화를 소재로 다루고 있다.

그만큼 우리나라를 포함해 중국 등 동북아 국가들은 백두산이 언젠가 화산 활동을 재개해 화산이 폭발할 것에 대한 막연한 두려움을 갖고 있는 게 사실이다.

백두산은 고려 정종 때인 서기 946년, 유사 이래 최대 규모로 분화했다. 기록에 따르면 그 폭발력은 히로시마 원자폭탄 16만 개가 한 번에 터진 에너지와 맞먹었다. 당시 남한 전체를 1m 두께로 덮을 수 있는 엄청난 양의 분출물을 쏟아낸 것으로 추정된다.

백두산은 한때 휴화산으로 여겨지기도 했지만, 지하에 거대한 마그마를 보유한 활화산이라는 것이 학자들의 공통된 견해이다.

2000년대 들어 화산지진, 가스, 지각변형 등 분화 징후를 보이면서 중국을 중심으로 한 국제사회에서 백두산 분화 가능성에 대한 연구가 활발히 진행되고 있다.

중국 헤이룽장성 북부의 화산 아래에서 거대한 양의 마그마가 상부로 올라오는 등 분출을 위한 '재충전'이 진행 중일 수 있다는 주장도 제기되고 있다.

북한은 2011년 최초로 세계의 권위 있는 화산 전문가들을 초청해 백두산에 지진계를 설치했는데 백두산 아래 거대한 마그마 방이 실제로 존재한다는 것을 밝혀낸 것으로 전해진다.

2020년에는 중국 정부가 백두산 소재지인 지린성에 화산연구소를 만들고 재해 대비 강화에 나서기도 했다.

한국지질자원연구원은 2020년 국정감사에서 백두산 화산의 분화 가능성에 대해 언급하기도 했다.

백두산은 언젠가 분화한다는 것이 학자들의 공통된 견해이다. 백두산이 대폭발할 가능성은 크지 않지만 2070년께 분화할 가능성이 있다는 주장도 있다. 그러나 어디서 에너지가 공급되고 있는지 그 양이 얼마나 되는지 아무도 정확한 답을 하지 못하고 있다.

북한 핵실험이 백두산 분화에 영향을 줄 수 있다는 가설도 있지만 이에 대한 의견은 분분하다. 북한의 핵실험 장소인 함북 길주군 풍계리는 백두산과는 불과 115~130km 떨어져 있다.

백두산은 2000년대 들어 백두산 천지를 중심으로 화산지진, 가스, 지각변형 등 심각한 화산분화 징후가 포착됐다. 폭발 시 2010년 아이슬란드 화산 분화량의 천 배 규모가 될 수도 있다는 예측도 있기는 하다.

  백두산이 폭발하면 반경 수십km 이내 지역은 초토화되고 천지에 담긴 약 20억t에 달하는 물이 한꺼번에 쏟아져 내리면 압록강, 두만강 등에 홍수가 날 확률도 높은 것으로 추정된다.

  이런 우려에도 남북 분단 상황이라 한국 과학자들이 백두산을 직접 연구하기란 불가능하다는 점이 고민거리다.

백두산
어디까지

가 봤 니

산 넘고
물 건너
백두산에서
두만강까지

Part
03

백두산에서 옌지까지
어떻게 가나

엔지延吉은 지린성 옌볜 조선족자치주의 주도로 흔히 한국에서는 '연길'로 알려져 있다.

한국에서 자주 볼 수 있는 조선족들은 대부분이 엔지 출신들이 많다. 그래서인지 막상 엔지에 가보면 젊은이들을 찾아보기 힘들다. 거의 노인들의 도시 같은 느낌이 든다.

많은 사람들이 한국에 돈 벌러 갔기 때문이라고 한다. 그나마 남은 젊은이들도 베이징 등 중국 내 대도시로 빠져나갔다고 한다.

이들이 벌어온 돈이 엔지라는 도시 발전과 조선족의 삶을 윤택하게 하는 데 도움이 됐겠지만 그 대가로 엔지라는 도시와 조선족 사회는 활력이 떨어진 듯 보였다.

백두산 천지를 보고서 갑자기 엔지를 언급하는데는 다 그만한 이유가 있다. 백두산에서 멀지 않은 데다 한민족과 떼려야 뗄 수

없는 조선족의 고향이기 때문이다.

백두산 북파를 보고 나면 다시 창바이산 공항으로 돌아와 비행기를 타고 베이징에 올 수 있기는 하다.

필자는 백두산과 연계된 조선족자치주가 어떤 상황인지 보고 싶어 옌지로 향했다. 북파에서 승합차를 타고 3~4시간을 가야 도착할 수 있는 꽤 먼 거리였다. 이 또한 고속도로가 아니라 대부분 험준한 산을 굽이굽이 돌아 넘어가야 해 위험도 컸다.

실제로 해발 1천m가 넘는 산 비탈길로 접어드니 안개가 너무 짙어 앞이 하나도 보이지 않았다. 그런데도 차들이 비상등만 켠 채 전력 질주하는데 이러다 큰일 나는 게 아닐까 하는 생각에 덜컥 겁이 날 정도였다.

승합차가 2시간여쯤 비탈길을 오르더니 산 중턱 도로의 한 민가에 정차했다. 잠시 쉬어가는 곳으로 우리나라로 말하자면 일종의 간이 휴게소였다.

이 민가에서는 집 앞에 가판대를 차려놓고 꿀과 버섯, 나물 등 현지에서 채취한 것을 팔고 있었다. 특히 바로 길옆에서 키우는 벌통에서 채취한 꿀과 벌집을 그 자리에서 포장해 팔고 있었는데 그 맛이 기가 막힐 정도로 달았다.

다시 차는 출발해 거대한 산을 넘어서니 드문드문 광대한 옥수수밭과 논밭이 눈에 들어왔다. 그리고 곳곳에 한글과 중국어가 병기된 상점의 간판이 눈에 띄었다.

'부산 구이釜山烧烤', '소도시 요리사 특색구이小城大厨特色菜馆'등 한국으로 따지면 1970~1980년대를 연상케 하는 구식 건물과 간판들이었다.

도로 주변의 옥수수밭과 논 사이에 놓인 각진 기와지붕 모양의 집들과 마을 입구의 장승, 정자, 비닐하우스 등을 보니 옛 농촌 드라마 '전원일기' 무대를 보는 듯했다.

중국 국기를 꽂아놓은 가옥들의 모습은 한국과 달랐다. 지붕 색깔 또한 빨간색, 녹색, 회색, 검은색 등 알록달록한 모습이 이국적이었다. 태양열 전지판으로 뒤덮은 들판도 곳곳에 보였다.

옌지를 도달하려면 룡정(룡정龙井)시를 통과해야 한다. 룡정은 과거 일제 강점기 한민족이 이주해 독립운동의 거점으로 삼았던 곳이다. 윤동주 시인의 생가도 있어 한국인 관광객이 끊이지 않는 곳이다.

유명한 가곡 '선구자'에 등장하는 일송정一松亭 또한 룡정에 있다. 작은 소나무와 정자만 남아있지만 이곳 또한 한국인들이 옌지 여행 시 반드시 찾는 곳이다.

룡정은 3.1 만세운동의 해외 거점이기도 했다. 일제 강점하의 한반도에서 3.1 운동이 일어난 지 10여 일 만에 간도 각지에서 온 한인들 2만 명이 룡정 서전瑞甸벌에 모여 '대한 독립 만세'를 외쳤다.

'독립선언축하회'라는 명칭이 붙은 이 집회에서 간도의 한인 대통령으로 불리던 김약연 선생이 독립선언포고문을 발표했다. 집회 참가자들은 서전벌에서 2km가량 떨어진 간도 일본 총영사관까지 행진했다가 진압군에 의해 유혈 충돌이 발생했다.

이런 일제 강점기의 한인 역사가 담긴 룡정시를 통과해 20~30분만 대로를 따라가면 드디어 옌지에 도달한다.

▼ 백두산에서 옌지 가는 길

▼ 백두산에서 옌지 가는 길

한국을 연상케 하는
옌지 시내

옌지는 '리틀 코리아'라는 말이 딱 들어맞는 도시다.

옌지는 크지는 않지만 중국 동북부 지역 내에서 '투자 잠재력을 지닌 중국 100대 도시'와 '경제 부문에서 포괄적 경쟁력을 갖춘 중국 100대 도시'에 선정될 만큼 동북부를 대표하는 도시 중에 하나다.

옌지는 북중 국경 등을 접하고 있는 장점을 활용해 동북아 국가와 신속한 연결성을 달성하기 위해 교통 인프라 건설에 집중하고 있다.

옌지와 베이징, 상하이, 서울, 부산, 평양, 오사카, 블라디보스토크와 같은 주요 도시를 연결하는 항공 운항로가 존재한다. 중국 내 창춘, 선양, 베이징 등 주요 도시와 고속전철도 연결돼 있다.

이런 발전 속에서도 옌지가 안고 있는 문제는 적지 않다.

중국 유일의 조선족자치주인 지린성 옌볜은 옌지와 투먼, 둔화敦化, 허룽和龍, 룽정, 훈춘琿春 등 6개 시와 왕칭汪淸, 안투安圖 등 2개 현으로 이뤄져 있으며 1952년 9월 3일 설립됐고, 1955년 12월 자치주로 변경됐다.

옌볜 조선족자치주의 조선족 인구 비율은 2020년 기준 30% 수준까지 떨어져 59만7천여 명에 불과하다. 10년 전보다 13만7천 명이 줄어든 것이다. 옌볜의 나머지 인구는 한족이 65.79%로 압도적이었다.

자치주는 중국 내 소수민족 다수 거주지역의 행정단위로 소수민족의 자치관할권이 인정된다.

조선족자치주 성립 초기였던 1953년 자치주 내 조선족 비중은 70.5%에 달하기도 했다. 하지만 2012년에는 35.6%까지 떨어지는 등 계속 감소하고 있다.

조선족 인구 감소는 상당 부분 한국 및 중국 동남부 지역 등 외부로 일자리를 찾아 떠난 데 따른 것이며 출산율 하락 등도 영향을 끼쳤다는 평가가 나온다.

과거 조선족 사회에서는 '소수민족 비중이 30%를 밑돌면 자치주 지정이 해제될 수 있다'는 우려가 나오기도 했는데, 이러한 내용을 담은 공식 규정은 알려지지 않은 상황이다.

그만큼 인구 감소에 따른 위기감이 크다는 의미다.

옌벤 조선족자치주 주도인 옌지에 본격적으로 들어서면 '연길延吉'라는 커다란 글씨와 함께 말이 지구 위에 올라와 있는듯한 거대한 조각물이 제일 먼저 눈에 들어온다.

옌지 시내 모습은 흡사 한국의 지방 소도시 또는 1980년대 모습을 연상케 한다. 어지럽게 부착된 한글 간판에 무미건조한 문양의 광고 문구 그리고 허름한 건물들과 주민들의 복장에서 과거 한국의 경제 개발 시대 모습이 보이기 때문이다.

천지대교를 지나면 본격적으로 옌지 시내에 들어서게 된다. 필자는 시내 중심인 옌벤대학교 근처로 숙소를 잡았다. 곧바로 옌지에서 가장 유명하다는 꼬치구이 집으로 향했다.

옌지의 택시는 하늘색 외관에 내부는 베이징 택시보다 깨끗했으며 조선족자치구라서 그런지 택시기사들은 대부분 기본적인 한국어를 구사할 줄 알았다.

특히 조선족 택시기사들은 하나같이 본인이 한국에서 일했다거나 아니면 일가친척이 한국에서 일하고 있다는 얘기를 했다.

한국 사람들이 코로나19 때문에 옌지에 오지 못해 관광 수입이 많이 줄었다는 하소연도 했다.

필자가 베이징에서 관광차 옌지에 왔다고 하니 다소 놀라는 눈치였다. 그만큼 2020년 8월 말까지만 해도 코로나19 확산으로 중국 안에서 장거리 이동이 방역 규제로 쉽지 않았기 때문이다.

옌지에서는 꼬치구이 집을 '꿰점'이라고 부른다. 고기를 막대기로 꿰서 먹는다는 순우리말인 셈이다.

식당 시스템은 베이징에도 입주한 '풍무 양꼬치' 전문점처럼 자동으로 꼬치구이를 돌려주는 기계가 테이블마다 설치돼 있었다. 양고기나 소고기, 돼지고기, 버섯, 해물 등을 꽂아 올려놓으면 톱니에 맞춰 자동으로 돌아가면서 구워지는 기계다. 본인이 일일이 꼬치를 돌려가면서 구울 필요가 없어 매우 편리했다. 가격은 베이징의 3분의 1 수준인데 고기와 야채가 모두 신선했고 특히 양꼬치가 일품이었다.

작은 바이주 1병을 시켰는데 바로 옆 테이블에서는 맥주를 한 궤짝이나 쌓아놓고 마시고 있었다.

여기서는 몇 병 단위로 맥주를 시켜 마시는 게 아니라 반 궤짝 이상 주문하는 게 일반적인 것처럼 보였다. 이건 옌지에 있는 며칠 간 다른 식당을 가도 비슷한 모습이었다.

옌지의 저녁 풍경은 낮보다 훨씬 화려했다. 마치 한국처럼 각종 주점과 가게 등을 선전하는 네온사인 간판이 건물 전체를 뒤덮어 불야성을 연출하기 때문이다. 게다가 조선족자치주라 간판이 한글 과 중국어를 병기하고 있어 흡사 한국의 길거리에 있는 듯한 착각 을 불러일으킬 정도였다.

저녁에 숙소로 돌아오는 길에 도로를 보니 곳곳에 '기술의 자립 과 자강을 실천하고 민족 브랜드를 강대하게 만들자' 등 질서와 기강 등을 강조하는 빨간 플래카드들이 넘쳐났다.

▼ 옌지 시내를 둘러보니

뭐든지 다 있다,
옌지 수상시장

엔지의 명물은 새벽에 열리는 수상水上시장이다.

말 그대로 옌지시 하천변을 끼고 2~3km 정도 이어진 재래시장
이다. 일부는 지붕이 덮인 현대식 형태며 나머지 대부분은 둑을 따
라 천막을 치고 좌판을 벌이는 형식이다.

우리나라의 전통 5일장 같은 분위기가 연출되는 곳으로 새벽부
터 열기 때문에 보통 오전 5~6시면 사람들로 북적이다. 그래서 새
벽시장早市이라고도 불린다.

수상시장에 있다는 유명한 해장용 국밥집을 찾아 필자도 이른
아침부터 택시를 잡아탔다. 조선족 택시기사는 타자마자 "수상시
장을 가냐"면서 수상시장이 옌지시의 자랑거리라면서 '명월국밥
집' 황소 국밥이 그렇게 맛있다며 추천해 줬다. 그만큼 외지 관광
객들이 많이 찾는 곳임을 알 수 있었다.

오전 6시가 갓 지나 아직 해가 뜨지 않아 어스름한데도 시장 입
구에는 이미 트럭이나 승합차에서 잣이나 송이버섯, 쌀, 나물, 각종
잡화를 꺼내 진열해 놓은 상인들로 가득했다.

우리나라의 시골 장터와 마찬가지로 간이 옷 판매대, 농약이나
신발, 라디오 등을 파는 가게들도 눈에 띄었다.

신기하게도 아예 염소를 데리고 온 판매상도 있었다. 시장 구석
의 공터에서 염소들이 풀을 뜯어 먹고 있었다. 주인에게 물어보니
염소를 팔려고 왔다고 한다.

　수상시장 안으로 본격적으로 들어서면 빨간 앞치마에 위생복을 입은 조선족 아주머니들이 빨간 플라스틱 통에 각종 김치를 담아 팔고 있었다. 외국에서는 볼 수 없는 장관이었다.

　한국식 김치도 있었고 싱겁지만 심심한 맛이 일품인 북한식 김치에 깍두기, 총각김치, 파김치 등 김치 백화점을 연상케 할 정도로 다양했다.

　중국의 특색 채소나 건두부 등도 고춧가루로 버무려 팔고 있었다. 바로 옆에서는 된장, 만두, 만두피, 두부 그리고 각종 대두를 팔고 있었다. 건조한 명태, 작태 또한 이 시장의 대표 건어물이었다.

　한국 사람들이 좋아하는 송이버섯을 파는 상인들도 많았는데 이곳에는 베이징에서 온 한국인들이 많이 몰려있었다.

　수상시장의 송이는 비싼 특등급부터 가족끼리 먹거나 라면 또는 음식에 넣어서 먹을 수 있는 저렴한 등급도 있다는 점이다.

약간 흠집이 난 송이버섯을 싸게 팔고 있어 몇 상자씩 사가는 사람들이 많았다. 한국에서 파는 가격의 5분의 1 수준으로 시장에서 주문하면 베이징까지 2~3일 내로 보내준다고 했다.

예전에는 한국에도 많이 보냈는데 코로나19 사태 이후로는 화물 통관도 막혀 쉽지 않다고 했다.

정육점들 또한 구경거리였다. 돼지머리부터 소머리 등 각종 가축이 도살된 직후 해체된 부위들이 그대로 진열돼있어 다소 충격적이었다.

특히 수상시장은 개고기가 유명했다.

실제로 시장 반대편 입구에는 개 가죽을 벗기고 손질을 해놓은 개가 수십 마리씩 통째로 보란 듯 걸려있었다. 이 시장을 방문하는 현지인들에게는 익숙한 풍경인 듯 보였지만 보신탕 문화가 거의 사라진 한국의 상황과 대비해 보면 매우 놀라운 장면이 아닐 수 없었다.

택시기사가 말했던 국밥집에 도착하니 대형 가마솥 3~4개에서 뽀얀 육수가 우러나오고 있었다.

이 식당은 보신탕, 황소고기 국밥, 돼지고기 시래기 장국, 옥수수 온면을 파는데 이 가운데 황소고기 국밥이 가장 유명했다. 소고기 곰탕인데 담백한 맛이 일품이었다.

하지만 한국 곰탕에 비해 기름기가 많아 다소 느끼하다고 생각
할 수도 있다. 이럴 경우 파를 잔뜩 넣고 먹으면 더 깊은 맛이 우러
나온다고 이 식당 조선족 아주머니가 귀띔해 줬다.

▼ 새벽에 열리는 수상시장

▼ 새벽에 열리는 수상시장

북한 땅이
바로 건너편에, 투먼

엔지시에 오는 한국인들이 빼놓지 않고 들리는 인근 지역이 있다. 바로 투먼图们이다.

중국의 국가 1급 통상구가 소재한 투먼은 옌볜자치주의 북중 접경 도시로, 도로 및 철도 교량을 통해서 두만강 건너편 북한 온성군 남양으로 연결된다.

옌볜주에는 투먼 외에도 룽정시 카이산툰開山屯 통상구와 싼허三合 통상구 등이 있으나 이들 지역은 외부인, 특히 외국인의 접근이 금지돼 있다. 다만 중국 당국이 투먼의 경우 통상구 기능과 함께 국경관광지 역할을 부여해 이곳은 비교적 자유롭게 드나들 수 있어 한국인 관광객들에게 인기가 많은 지역이다.

투먼은 우리나라와도 역사적으로 많은 관련이 있다.

특히, 봉오동전투로도 유명하다. 홍범도 장관 등이 1920년 6월 중국 지린성 투먼 일대에서 일본군을 격파한 싸움이다.

그해 10월엔 김좌진, 이범석 장군이 이끄는 북로 군정서군과 홍범도 장군이 주도한 대한독립군이 간도 청산리 일대에서 일본군과 치열한 전투 끝에 대승했다.

1993년 투먼시가 세운 작은 기념비에는 "연변반일무장투쟁에서 거둔 이 승첩은 일본 침략자의 기염을 여지없이 꺾어놓았으며 인

민대중의 반일투지를 크게 북돋아 주었다"고 적혀있다.

옌지에서 투먼까지는 차로 30~40분 정도면 갈 수 있을 정도로 가까운 거리다. 하지만 북중 접경지대라 곳곳에 검문소가 있어 각별한 주의가 요구된다.

실제로 차를 타고 가다 보면 중국 공안의 초소를 자주 볼 수 있다. 혼자 가기보다는 단체 관광 형식으로 가는 게 가장 안전한 방법이다.

사실 투먼은 북중 접경 마을이라는 것 외에는 그다지 주목을 받지 못하던 곳이었다. 하지만 중국 쪽에서라도 북한을 보려는 한국인 관광객들이 몰리고 북중 교역 물자 이송을 위한 통상구가 생기면서 주목을 받고 있다.

가이드는 두만강 유역에 도달하자 생태관광공원 옆에 위치한 한 허름한 기념품 가게 건물로 인도했다. 여기가 가장 전망도 좋고 북한이 잘 보인다는 이유에서였다. 나중에 알고 보니 여행 가이드가 이곳에서 상품을 팔기 위한 목적도 있었다.

이 상점은 6층짜리 건물로 각 층마다 북한 도자기, 술, 담배, 책자, 우표 등을 팔고 있었다. 3층에는 망원경이 비치돼 두만강 건너편의 북한 남양 지역과 바로 옆의 중국 세관 건물을 자세히 볼 수 있었다.

코로나19 사태로 두만강을 가로지는 북중 우의교가 막히면서 중국 세관도 큰 건물만 들어섰을 뿐 주변 공사는 중단된 채 개점휴업 상태였다. 우의교 또한 다리 중간에 철조망만 쳐진 채 적막감만 감돌았다.

인근에는 변경 지역 주의문이 붙어있었다.

'불법 월경을 엄금한다. 두만강 수면에서 놀지 못한다. 밀수, 마약 매매, 고기잡이 등 변경 질서와 안전을 파괴하는 행위를 엄금한다. 조선 쪽에 대고 말을 걸거나 촬영하지 못한다'라고 한글, 중국어, 영어로 쓰여있었다.

관광객을 위해 설치된 오래된 철제 발판을 딛고 올라서면 두만
강과 북한 지역에 한눈에 들어온다.

북중 우의교 반대편이 북한 남양이라는 곳인데 김일성, 김정일 부
자의 거대한 초상화와 각종 선동 구호가 적힌 커다란 건물이 보인다.

그 옆으로 창문을 비닐로 대신한 낡은 건물들이 보였다. 가끔씩
자전거를 타고 논두렁이나 산비탈을 지나는 북한 사람들이 눈에
띌 뿐 매우 한적해 보였다.

기념품 가게 주인은 두만강 일부 지역은 깊이가 허리 밖에 안 차
는 곳도 있어 예전부터 탈북자들이 많은 곳이라고 했다. 그래서 북
한 측 강변 풀숲에는 수많은 초소와 저격수들이 배치돼 있다면서
조심하라고 경고했다.

그는 "올해 여름에도 탈북하다 숨진 북한 사람들의 시신이 두만
강 강변에 여러 구 떠내려오는 걸 목격했다"고 말했다.

그 말의 신빙성 여부를 떠나 실제로 투먼에 와서 북중 접경인 두만강을 보니 웬만한 성인이면 쉽게 건너갈 수 있겠다는 생각이 들었다.

두만강 중 얕은 곳은 어른 허리 정도밖에 안 되고 강폭 또한 좁아 강을 건너는 데 어려움이 없다고 한다. 실제로 북중 우의교 인근의 두만강 또한 수영만 잘한다면 충분히 넘어갈 수 있는 거리로 보였다.

코로나19 사태 전까지만 해도 이 기념품 가게는 한국인 관광객들로 넘쳐났다는데 요새는 코로나19로 외국인 입국이 금지되면서 한국인의 발길이 뚝 끊겼다고 한다.

그러면서도 북한 묘향산 호랑이 뼈를 담가 만든 술 '호골주'를 판촉하기도 했다. 북한산 고급 담배 등은 요청하면 북한의 브로커

를 통해 구해다 주겠다고 말해 코로나19로 북중 국경이 닫혔지만 밀무역은 여전히 성행하고 있음을 보여줬다.

실제로 투먼의 북한식당에는 북한 여종업원들이 공연도 하고 음식 서빙도 하며 큰 인기를 끌고 있고 주변 공장에는 수천 명의 북한 노동자들이 와있다고도 했다.

이 상점에서 300여 m를 가면 투먼생태관광공원이 나온다.

이 공원에 거대한 광장과 커피숍, 휴게소, 기념품 판매점을 조성해놓고 유람선까지 띄우는 걸 보면 중국 정부가 투먼의 북중 접경지대를 관광 상품으로 개발하려고 노력하고 있음을 엿볼 수 있었다.

하지만 2018년 김정은 방중과 2019년 시진핑 중국 국가 주석의 답방에도 북중 관계 개선에 별다른 성과가 없자 양국관계가 급격히 식어버렸다. 이후 2020년 2월 코로나19 사태로 북한이 북중 국경을 봉쇄하고 중국도 맞불을 놓으면서 투먼은 더는 활성화되지 못한 분위기였다.

이 공원의 광장에는 '홍수투쟁승리기념비'가 크게 들어서 있다.

'중국 투먼 변경'이라는 간판 아래 사진을 찍을 수 있는 야외무대도 여러 개 설치돼 있었다. 바로 옆에는 '중국 조선족 무형 문화유산 전람관'도 있어 전통복장과 풍습을 소개하고 있었다.

두만강 강변 쪽으로 내려가면 곳곳에 철책과 함께 '규정을 어기고 철조망을 넘어 채집, 사냥, 어획 등 활동에 종사하는 것을 금지한다'는 경고문이 걸려있었다.

선착장에는 유람선이 정박하고 있었다.

성수기에는 운항도 한다는데 필자가 갔을 때는 운항이 중단된 상태였다. 유람선은 조선족 전통 2층 기와집 양옥 형태로 만들어져 눈길을 끌었다.

날씨가 흐려서인지 두만강 물을 흙탕물처럼 흐렸으며 물길 또한 비교적 거세 갈 수 없는 북한을 바라보는 마음을 더욱 울적하게 만들었다.

중국이 소개하는
조선족 전설

투먼의 유람선 선착장 바로 옆에는 '조선족 전설'이라는 기념석이 세워져 있다.

　기념석 내용은 단군 신화 이야기로 대체로 우리가 아는 바와 일치한다.

　'구전에 따르면 5천여 년 전 천제의 아들 환웅은 3천 명의 충복을 거느리고 태백산 신단수 아래에 내려와 신시를 건립했다. 그때 곰 한 마리와 호랑이 한 마리가 있었는데 매일 신단수 앞에 와서 사람이 되길 빌었다. 이에 감동한 환웅은 그들에게 영험이 있는 쑥과 마늘을 주면서 100일 동안 이것을 먹고 동굴에 피해 있으면 사람이 될 수 있다고 알려주었다.

　호랑이는 견디지 못해 사람으로 되지 못했지만 곰은 분부대로 해서 스무하루 만에 여인으로 되었으며 웅녀라고 이름을 지었다. 하지만 그녀와 혼인할 사람이 없었으므로 매일 신단수 앞에서 아이를 낳게 해달라고 빌었다.

이를 가엾게 여긴 환웅은 사람 모양으로 변하여 웅녀와 결합해 아들을 낳았는데 단군이라고 이름 지었다. 단군은 기원전 2천333년 고조선 왕국-단군 조선을 건립했는데 조선은 평온한 아침 햇살의 나라라는 뜻이다. 이로 인해 단군은 조선 민족의 시조로 존경받고 그 후대들은 조선인으로 지칭하였다.'

▼ 두만강이 흐르는 투먼

▼ 두만강이 흐르는 투먼

베이징으로 돌아가는 길,
옌지 공항

엔지에서 베이징으로 돌아가기 위해선 항공편을 이용하는 게 가장 빠르다. 2~3시간여 정도면 베이징 순의 공항까지 도착하기 때문이다.

더구나 엔지 공항은 엔지 시내에 인접해 있어 불과 20여 분 정도면 공항에 도착할 수 있다는 장점도 갖고 있다.

엔지에서 점심을 먹고 습관처럼 공항으로 일찍 가려고 하니 조선족 가이드가 "여기는 공항이 코앞이니 1시간 전에 도착해도 여유가 있다. 공항 수속도 간단하고 탑승 게이트에서도 구경할 게 없어 빨리 갈 필요가 없다"고 웃으며 말했다.

실제로 택시를 타니 공항까지 10여 분 정도밖에 걸리지 않았다.

'연길延吉'이라고 쓰인 엔지 공항은 입구부터 한글로 '국내, 국제' 이렇게 표지판이 쓰여있어 마치 한국의 조그만 지방 공항에 온 것 같은 착각을 들게 했다.

공항 내부는 코로나19 사태로 대체로 썰렁한 가운데 '티웨이항공 연길-대구 국제정기항로 재개'라는 플래카드도 걸려있어 그만큼 한국과 교류가 많은 곳임을 보여줬다.

이 공항은 벽면에 초대형 천지 사진이 걸려있고 나머지 주변에는 한복을 입은 조선족의 전통 풍습을 묘사한 벽화들로 가득 메우고 있어 눈길을 끌었다.

엔지 공항은 휴대 물품 규정이 까다로웠다.

기내에는 수화물 1개만 가능하며 5kg을 초과할 수 없도록 했다. 아마도 보따리상들이 기내에 물건을 과도하게 싣지 못하게 하려는 것 같았다.

탑승에 앞서 한 중국인이 이륙 후 아래를 잘 내다보면 천지를 지나가므로 천지의 아름다운 모습을 볼 수도 있다고 귀띔을 해줬다.

그 말이 진짜였는지는 알 수 없지만 비행 내내 눈을 부릅뜨고 쳐다봤으나 내 좌석에선 보지 못해 아쉬움으로 남았다.

▼ 천지가 보이는 옌지 공항

베이징
왕징에서
백두산을
기억하다

Part
04

베이징의 '리틀 코리아'
왕징 그곳에는

왕징望京은 중국의 한국인 교민 사회를 상징하는 곳이다.

중국에 진출한 현대자동차가 잘 나갈 때만 해도 왕징 거주 한국인이 최대 5만 명에 달했다는 말까지 있었다. 하지만 사드와 코로나19 사태 등 악재를 겪으면서 2021년에는 1만5천 명까지 떨어진 것으로 보인다.

그럼에도 왕징은 베이징대, 칭화대 등 대학이 운집해 유학생들이 살고 있는 우다오커우五道口와 함께 한국인들의 중국 진출 역사 그 자체라고 할 수 있다.

청나라 때 문헌을 보면 왕징관望京館이란 지명이 나온다. 사신들이 황제를 만나기 위해 베이징으로 들어가다가 쉬는 곳으로, 여기서 멀리 바라보면 베이징이 보인다고 해서 왕징이라는 이름을 붙였다고 한다.

왕징은 베이징 동북부에 위치하며 면적은 16km², 인구는 30여만 명. 차오양구朝阳区에 속한 한 동네다. 우리나라로 따지면 강남구 절반만 한 크기다.

한국인들이 주로 사는 곳은 싼취三区와 쓰취四区를 중심으로 올리
브, 대서양신청大西洋新城, 화정세가华鼎世家, 보성원宝星园 에 집중돼 있다.

초창기에는 싼취와 쓰취에 돌아다니면 한국말만 들렸다는 얘기
도 있었다. 지금 이 지역은 노후화돼 한국인 거주자가 상대적으로
줄고 대서양신청이나 보성원 쪽으로 많이 옮기는 추세다.

한국과 중국은 1992년 8월 수교를 맺었다.

이후 중국에 진출한 한국인들은 궈마오国贸 인근에 살다가 이후 야
윈춘亚运村에 집단 거주하기 시작했다. 이후 야윈춘 인근인 왕징에 대
규모 아파트 단지가 개발되면서 한국인들이 자연스레 옮기게 됐다.

왕징은 여러모로 한국인들이 살기엔 장점이 많다.

베이징 셔우두 공항과 한국대사관 등 교민과 밀접한 시설들이

가깝기 때문이다.

　더구나 국제학교를 다니기도 용이하고 한국국제학교(KISB)는 아예 왕징에 있다. 각종 한국 식당과 당구장, 안경점, 옷가게, 마트, 학원까지 왕징에 즐비해 사실상 한국처럼 생활이 가능하다.

　왕징이 공항에서 가깝고 대규모 아파트 단지에 대형 마트, 지하철 등 각종 편의 시설이 갖춰지면서 중국 유명 기업들과 다국적 기업들도 대거 입주해 왕징의 모습은 나날이 바뀌고 있다.

　왕징에는 중국 대표 기업 알리바바와 더불어 에릭슨, 모토롤라, 벤츠와 포스코 중국 법인이 있다.

▼ 왕징의 이색 풍경

왕징의 흥망성쇠,
한국인들이 떠난다

왕징의 흥망성쇠는 중국에 진출한 한국 기업들과 맥을 같이 한다. 삼성전자의 애니콜 휴대전화가 중국 시장 점유율 20~30%를 차지하고 현대차가 10% 이상을 점유할 때인 2010년대 초반까지만 해도 왕징은 그야말로 전성기였다고 한다.

왕징에서 식당을 하는 교민은 "그때는 너무 많은 현금이 들어와 돈을 세지도 않고 포대기로 담아 보관할 정도였다"면서 "식당뿐 아니라 미용실까지도 밀려드는 고객에 다들 현금 부자였다"고 회고했다.

그 당시 진출한 한국 기업들이 중국에서 막대한 수익을 내면서 주재원들의 생활 또한 풍족했으며 위안화 환율 또한 지금과는 비교할 수 없을 정도로 좋았기 때문이다.

특히, 현대차가 날개 돋친 듯 팔리면서 당시 하청업체들도 탄탄대로였다. 중국을 여행하려는 한국인 관광객들 또한 매일 대규모로 유입되면서 그야말로 왕징은 돈이 넘쳐났던 '황금의 땅'이었던 것이다.

2010년대 중반부터 중국 경제가 급성장하면서 중국인 부자와 중산층이 급증하고 중국 기업들이 도약하면서 현대자동차와 삼성전자의 점유율 또한 급락하기 시작했다.

현대차는 여전히 고급차가 아닌 소형 및 준중형차를 고가에 파는 데 집중했다. 중국 신흥 중산층이 원하는 고급차와 SUV 시장에 제

때 진출하지 못해 일본차에도 뒤지며 중국 내 존재감이 반감됐다.

삼성전자 또한 스마트폰이 대세임을 따르지 못하고 중국 내 애니콜 휴대전화의 대박 신화만 믿다가 결국 오포, 화웨이, 비보 등 중국 토종 메이커들에게 밀리면서 2021년 기준 중국 시장 점유율이 1% 아래로 떨어진 뒤 회복을 하지 못하고 있다.

더구나 2016년 7월 사드 사태로 한중 관계가 경색되면서 중국 내 한국 기업들과 제품에 대한 반감이 커졌다. 결국 롯데마트가 중국 현지에서 철수하는 등 중국 내 한국 기업의 입지는 갈수록 좁아지고 있다.

이런 영향은 고스란히 왕징에 반영돼 교민 사회가 직격탄을 맞았다.

왕징 거주 교민의 대부분이 식당 등을 하면서 기업체 주재원 등을 대상으로 돈을 버는 자영업자들이기 때문이다.

사드 사태 이후 한국인들의 베이징 단체 여행도 급격히 줄어들면서 교민들의 삶이 더욱 피폐해졌다. 결국 하나둘씩 짐을 싸기 시작해 2021년 기준 2016년보다 절반이 넘는 한인 식당과 가게가 문을 닫았다. 또한 왕징의 경우 2천여 가구밖에 남지 않았다는 말이 나돌 정도로 거주하는 한국인들이 급감했다.

이러다 보니 '왕징=한인촌'이라는 공식도 사실상 깨졌다.

왕징을 대표하는 '한국성韩国城'이라는 상가는 '미식청美食城'으로 바뀌었다가 다시 '한국성'으로 바뀌는 등 정체성을 찾지 못하고 있다.

이 상가를 대표했던 뚜레주르 베이커리는 폐업하고 이 자리에 중국 음식점이 떡하니 자리를 잡았다. 아직 이 상가 내에 한국 마트와 '농일가'와 같은 조선족 운영 음식점 등이 있지만 이미 대세는 중국 상가로 변모한 상황이다.

한국인이 많이 사는 화딩세가 맞은편의 '남가네'라는 한인 음식점 또한 임대료 폭등에 못 견뎌 2021년 문을 닫았다.

2022년 현재 왕징 교민들이 가볼 만한 한인 식당은 '순천집' 등 10여 곳도 되지 않는다. 더구나 2020년 초 코로나19 사태마저 터지면서 그나마 유지했던 교민들 가게마저 극심한 경영난에 시달렸다. 코로나19 사태 초기인 몇 달간은 중국 정부가 사실상 베이징도 봉쇄할 정도로 이동을 통제했기 때문이다.

이 시기에 외국인의 중국 입국이 사실상 금지되면서 설 연휴에 한국에 갔던 교민들이 장기간 대거 못 들어오는 사태가 빚어졌다. 이 과정에서 중국에서 사업을 접고 귀국을 택한 교민들도 적지 않다.

일부 교민은 울며 겨자 먹기로 '제2의 중국'으로 불리는 베트남으로 옮겨가기도 했다.

이미 왕징에서 식당업 등을 하기엔 임대료와 인건비가 감당할 수 없는 지경으로 올랐기 때문이다. 왕징의 허름한 30평대 아파트 1채의 매매 가격이 20억 원이 넘을 정도며 월세 또한 서울 강남 지역을 능가해 영업난 속에 버텨내기 힘들기 때문이다.

더구나 왕징의 잘 갖춰진 인프라를 이용하기 위해 알리바바 등 중국 대기업과 외국계 기업이 밀려들어 오면서 인근 아파트 월세와 상가 임대료가 급등해 한국인들의 '탈왕징'을 가속화했다.

　왕징에서 오리구이집을 운영했던 한 교민은 "사드 사태 이후 장사는 안 되는데 임대료는 급등해 도저히 견딜 수 없어 베트남에 식당을 내기로 하고 여기 있는 재산을 모두 정리했다"고 말했다.

　베이징 주재원들도 대폭 줄었다.

　현대차의 협력사를 포함해 각종 기업들 또한 중국 내 적자가 눈덩이처럼 불어났고 코로나19 사태마저 겹치면서 많은 주재원을 유지할 필요가 없어졌다. 이에 따라 대부분 회사의 주재원이 절반 정도 줄었다.

　한 제과회사는 아예 베이징 법인 자체를 갑자기 없애고 전원 귀국을 명령해 교민 사회에 충격을 던져줬다. 점점 왕징에서 한국말이 들리는 빈도가 줄어들고 있는 셈이다.

　일각에서는 왕징에서 한국인들이 떠난다기보다는 이제는 꼭 필요한 한국인들만 남았다는 표현이 더 정확하다고 말하는 사람들도 있다.

현재 중국에 거주하는 유명 학자는 한반도 문제 최고 권위자인 문일현 교수, 베이징대 한반도평화연구중심을 맡고 있는 김동길 베이징대 교수, 선옥경 하남사범대 교수 등이다.

아티스트로는 김동욱 C컴퍼니 대표, 남나경 엔스타 대표, 정동현 플랫아시아 대표, 기업인으로는 도승조 네슬레 차이나 총감, 자영업자로는 손경찬 순천집 대표 등이 꼽힌다.

수교 이후 중국에서 돈을 벌기 위해 워낙 많은 한국인들이 왕징에 살다보니 각종 사기 등 문제가 끊이지 않은 건 사실이다. 실제로 교민들 사이에서는 "베이징에서는 한국인들만 조심하면 된다"는 말까지 나올 정도였다고 한다.

이런 어수선한 왕징 사회가 사드와 코로나19 사태 등을 겪으면서 베이징에서 사업 기반이 탄탄하지 않는 한국인들은 자의반 타의반으로 귀국하거나 중국 내 좀 더 싼 다른 곳으로 가게 된 것이다.

실제로 현재 왕징은 대기업 주재원들, 정부 및 공공기관 파견 직원들, 20년 이상 사업해 온 교민들로 구성돼 베이징한국인회를 중심으로 제법 탄탄하게 돌아가고 있다.

2021년의 경우 박기락 베이징한국인회 회장 체제(김익형, 김성훈 부회장, 도승조 감사)가 출범하면서 중국에 입국해 격리하는 교민에 대한 물품 지원과 교민 정회원제를 통한 혜택 확대로 큰 호응을 얻기도 했다. 한국인들이 줄어든 만큼 결속력은 강해진 셈이다.

하지만 왕징 또한 중국 중산층들이 밀려들어 오고 월세 등 임대료가 폭등하면서 한국인들의 거주지로 계속 남기는 어려울 전망이다. 이미 왕징의 생활비를 견디지 못한 일부 교민은 베이징과 인접한 허베이성의 연교燕郊 지역으로 이동해 터를 잡았다.

필자는 중국 연수 시절 칭다오青岛에 살았는데 그 당시 칭다오 중심부인 명인광장名人广场이 한국인 주재원들의 밀집 지역이었다. 이곳 또한 몇 년이 지나면서 모두 칭다오 외곽의 청양城阳으로 한국인들이 이동했다. 명인광장 주변의 비싼 임대료와 물가를 견디지 못해서였다.

이런 사례를 볼 때 결국 왕징 교민들은 언젠가는 '제2의 왕징'을 찾아 떠나야 할 것으로 보인다.

▼ 왕징의 식당

왕징의 봄, 여름, 가을, 겨울
그 풍경은

베이징의 사계를 떠올리면 일단 황사와 스모그를 먼저 떠올리게 된다.

그 말도 맞는 게 봄에는 역대급 황사와 꽃가루, 여름에는 살인적인 더위와 눈을 뜰 수조차 없는 따가운 햇볕, 겨울에는 매캐한 연탄가스 냄새와 마스크까지 써야 할 정도의 무서운 스모그가 기다리고 있기 때문이다. 그나마 10월 한 달만은 정말 높고 푸른 하늘을 만끽할 수 있다는 점은 위안거리다.

왕징 또한 그 범주에서 벗어나진 않지만 왕징에 살다 보면 베이징의 4~5환에 위치한 이곳만의 독특한 특징이 있다.

왕징의 봄은 개나리꽃이 피면서 시작된다.

샛노란 개나리꽃이 드문드문 보이기 시작하면 겨울이 지난 것이다. 아울러 벚꽃이 왕징 천변 주변을 수놓기 시작하면서 봄 정취를 만끽하게 된다.

이맘때쯤이면 왕징 지하철역 인근 강변 주위에 벚꽃이 만발하면서 밤낮으로 사진을 찍는 사람들이 몰린다. 특히 벚꽃 야경이 멋있기로 베이징에서도 나름 소문이 나서 일본 여학생 복장, 각종 코스튬까지 입은 중국 현지인들로 북새통을 이룬다.

낚시꾼들 또한 강변에 낚싯대를 2~3개씩 던져놓고 세월을 낚기 시작한다. 색소폰을 부는 사람, 단체로 노래를 부르는 사람들이 주변 공원마다 넘쳐난다.

왕징의 봄은 길지 않다.

대체로 3월 말부터 5월 초까지다. 중국은 한국과 달리 개별난방이 아니라 중앙난방식이라 봄이어도 실내는 춥다.

베이징과 같은 중국 북방 지역은 3월 중순에 난방이 종료돼 봄이 돼도 4월 중순까지 집안이 썰렁해 잘 때 전기장판이 꼭 필요하다.

일부 한국인 가구의 경우 개별난방하는 집도 있지만 대부분은 라디에이터의 온수열을 이용해 공기를 덥히는 중앙난방식 주택을 이용하고 있다. 이렇다 보니 겨울이라고 해도 내부는 비교적 따뜻

하지만 바닥은 얼음장이라 한국인들이 살기에 좋은 주택 구조는 아닌 셈이다.

더구나 왕징의 봄철에는 어김없이 황사라는 불청객이 매년 찾아온다. 그도 아주 매섭게 말이다. 서울에서 보는 수준의 황사로 생각해서는 안 된다.

대낮인데도 마치 저녁을 연상시킬 정도로 황색 먼지구름이 전역을 뒤덮기 때문이다. 교민들은 이런 날씨를 볼 때마다 "지구의 종말이 온다면 이런 모습일 것"이라고 말하기도 한다.

황사 먼지에는 각종 유해물질이 많아 봄철에는 호흡기 질환자들이 병원에 넘쳐난다.

코로나19 사태 당시 한국은 마스크가 부족해 구입 대란이 발생했지만 중국은 아무런 걱정이 없었다. 이는 평소에 지독한 스모그와 황사로 집집마다 마스크가 넘쳐나는 데다 평소에도 마스크 착용이 일상화됐기 때문이다.

봄철에 괴로운 것은 황사뿐만이 아니다. 꽃가루 공습 또한 상상을 초월한다. 서울에서 봄철에 흩날리는 가벼운 꽃가루 정도로 생각해서는 안 된다.

왕징 인근 차오양공원의 경우 꽃가루가 솜뭉치처럼 뭉쳐서 아예 바닥을 자욱하게 덮을 정도며 발로 살짝 차면 꽃가루가 안개처럼 앞을 가린다.

거리를 지나다니다 보면 눈, 콧속으로 수시로 꽃가루가 들어와 괴로울 정도다. 이러다 보니 꽃가루로 피부병과 알레르기 증세를 호소하는 사람들이 병 · 의원에 넘쳐난다.

베이징시 당국도 이런 꽃가루 문제점을 절감하고 문제가 되는 수목들을 제거하고 다른 나무들을 심고 있지만 과거보다 나아졌을 뿐 여전히 꽃가루 문제는 매년 되풀이되고 있다.

왕징은 5월 초만 되도 이미 여름 날씨인 섭씨 30도에 육박한다.

이미 집집마다 낮에는 에어컨을 틀어야 할 정도다. 베이징은 서울보다 위도가 높다 보니 햇볕 또한 매우 따갑다. 해가 뜨면 눈이 부셔 선글라스를 써야 할 정도다.

필자 또한 서울에서는 선글라스를 써본 적이 없었지만 베이징에 와서는 선글라스만 4개 넘게 장만했고 매일 쓰고 다녔다.

강렬한 햇빛에 그대로 노출되면 백내장에 걸릴 가능성이 크기 때문이다. 이 때문인지 왕징 등 베이징의 거리에는 여름뿐 아니라 봄, 겨울, 가을에도 일상적으로 선글라스를 끼는 게 전혀 이상하지 않다.

2010년대 초반만 해도 베이징 날씨는 여름에 섭씨 40도까지 올라가기는 했지만 습기가 없어 고온 건조한 여름 날씨였다고 한다. 여름에 비 구경하기도 쉽지 않았다고 한다.

하지만 필자가 베이징 특파원으로 왔던 2016년 여름에는 베이징에 폭우로 물난리가 나서 집과 사무실 근처 길가가 침수되는 곤욕을 치렀고 서울만큼이나 습도가 높아 "이게 베이징 날씨가 맞나"라는 의문이 들 정도였다.

이런 여름 날씨는 그다음 해에도 이어지면서 이제 베이징도 여름이 되면 서울과 다름없이 습도마저 높아져 찌는 듯한 더위에 끈적끈적한 날씨가 돼버렸다. 기후 온난화 영향을 직접적으로 받은 것이다.

왕징의 여름은 야경 생활이 진수다.

교민들도 여름에는 워낙 덥다 보니 낮에는 주로 실내에 있다가 그나마 살만한 저녁이 되면 인근 공원에 산책을 나온다. 아니면 식당 등에 술을 마시거나 저녁을 먹으면서 더위를 식히고 지인들과 시간을 보낸다.

그러다 보면 흔히 '차이나 비키니'라고 불리는 중국인 아저씨들이 러닝셔츠를 반쯤 올리고 배꼽을 드러낸 채 다니는 장면도 적지 않게 보게 된다.

윗도리를 아예 벗고 다니는 경우는 왕징 시내에서는 사라졌다. 하지만 식당 야외에 마련된 테이블에서 양꼬치에 옌징 맥주를 마시면서 '차이나 비키니' 차림을 한 중국인 아저씨들은 아직도 볼 수 있다. 그런 모습을 볼 때마다 중국에 와있구나 하는 생각을 하게 된다.

중국은 전기요금이 한국보다 상대적으로 저렴하다 보니 여름에 에어컨을 실컷 트는 경향이 있다.

전기요금의 한국의 3분의 1 정도 수준인데 한국과 다른 점은 선불제로 미리 전기요금을 충전해 놔야 한다는 점이다. 충전된 전기요금이 다 떨어지면 자동으로 전기 공급이 중단된다. 처음에 왕징에 자리 잡은 주재원들 중에서는 이런 걸 모르고 있다가 한밤중 전기가 중단돼 곤욕을 치르는 경우도 적지 않다.

중국은 사회주의, 공산주의 체제지만 전기요금뿐 아니라 대부분 선불제로 운영해 속을 들여다보면 한국보다 철저한 '자본주의' 요소도 갖고 있음을 실감하게 된다.

왕징 교민들도 여름철엔 땀을 많이 흘리다 보니 자연스레 과일을 많이 찾게 된다.

한국에서 여름철 과일과 채소 하면 수박, 참외, 토마토 정도지만 중국은 과일의 종류와

양에서 압도한다. 중국은 과일, 채소 값이 한국보다 워낙 싸기 때문에 "베이징에 있는 동안 과일, 야채 많이 드세요"라는 말을 많이 들었다. 그만큼 한국에서는 상상할 수 없는 가격에 양질의 과일과 채소를 많이 먹을 수 있다는 의미다.

동네 조그만 과일, 채소 가게도 있지만 왕징에도 대형 식품 전용 마트가 여러 개 들어서면서 다양한 고급 과일과 야채를 사 먹는 사람들이 늘고 있다.

수박도 한국에서는 보기 힘든 노란색 수박부터 럭비공 모양까지 각양각색의 수박을 살 수 있다. 과일 종류 또한 복숭아, 중국 참외, 사과, 애플망고 등 사계절 과일 잔치가 벌어진다. 한국에선 귀한 대접을 받는 버섯 또한 표고부터 송이까지 정말 많으며 가격 또한 상상할 수 없을 정도로 싸다.

베이징은 9월이 돼도 여전히 덥다.

하지만 아침, 저녁으로는 제법 선선한 바람이 불기 시작한다. 추석인 중추절이 지나고 국경절(10월 1일)을 맞이하면서 푸른 나뭇잎들이 알록달록 붉은색으로 물들고 단풍잎이 떨어지면서 장관을 연출한다.

이 기간은 베이징 최고의 날씨다.

천고마비처럼 '하늘이 높고 푸르다'라는 말이 실감될 정도다. 하늘에 한 점 없이 새파란 하늘과 맑고 건조하면서도 선선한 날씨가 보름쯤 정도 지속되는데 이 기간 베이징에는 향산香山이나 차오양 공원朝阳公园 등에 낙엽을 보려는 인파가 몰려든다.

아쉽게도 이런 기간은 짧고 10월 중순을 넘어서면 갑자기 추워지기 시작한다. 베이징은 북방 지역이라 난방이 12월 중순부터 시작되기 때문에 11월에는 개별난방이 설치돼 있지 않은 가구는 전기장판 등으로 해결해야 한다. 아니면 에어컨의 온풍 기능을 사용해 집안의 공기를 데우기도 한다. 이 또한 전기세가 저렴하기 때문에 가능한 방법이다.

10월 말에서 11월 초가 되면 베이징에 광풍이 몰아치면서 며칠

새 낙엽이 다 떨어지고 앙상한 가지만 남는다. 왕징 또한 불과 며칠 사이에 거리에 떨어진 낙엽들이 수북해지면서 을씨년 분위기가 연출된다.

12월에서 1월 사이에는 베이징 기온이 영하 10도 이하까지 급강하하면서 강이나 호수가 얼어붙는다.

왕징의 대서양 아파트 단지 내 호수도 얼어붙기 시작하면 집집마다 아이들이 망치나 송곳 등을 들고나와 얼음 깨기 놀이를 한다. 한쪽에서는 부모를 동반한 아이들이 썰매나 스케이트를 들고나와 빙판이 된 호수에서 논다.

이런 광경은 대서양 아파트의 호수뿐만 아니라 베이징 전역의 하천에서도 마찬가지다.

어디든 지나다 보면 얼어붙은 강에서 썰매를 타는 모습을 쉽게 볼 수 있다. 정식 눈썰매장이나 아이스링크가 아니면 호수에서 썰매나 스케이트를 탈 엄두를 못 내는 한국과는 많이 다른 풍경이다. 강이나 호수가 중심부까지 완벽히 언 것 같지도 않은데 아무렇지 않게 주변부에서 썰매를 타거나 걸어 다니는 모습은 신기할 정도다. 만일의 사태를 대비한 안전요원이 따로 있는 것도 아닌데 말이다.

베이징은 눈이 귀한 동네였다고 한다.

일 년 내내 눈 구경하기 힘들다는 말이 있었다고 한다. 하지만 이 또한 기후 변화로 2017년도 이후부터는 겨울에 제법 눈이 내리고 있다. 눈사람을 만들 정도는 아니지만 손으로 모아서 눈싸움 정도는 할 수 있을 정도는 내린다.

요새는 3월에도 눈이 가끔 내리는 곳이 베이징이다.

그럼에도 여전히 눈 내리는 풍경이 흔치 않다 보니 베이징 사람들은 겨울에 눈이 오면 웨이보나 위챗 등 SNS를 통해 친구들에게 영상을 보내거나 뉴스에도 나오는 등 큰 화젯거리가 된다. 대부분 눈은 잠깐 내리며 이 또한 쌓이지 않고 녹아 없어지는 경우가 많다.

베이징 인근의 스키장 또한 모두 인공눈으로 제빙기를 통해 만든 것이다. 이러다 보니 스키장의 빙질이 매우 단단해 안전사고가 나는 경우가 적지 않다고 한다. 주목할 점은 예전과 달리 경제 수준이 높아지면서 베이징 젊은이들의 스키장 이용이 늘었다는 것이다.

겨울철의 백미는 설날인 춘절春节이다.

보통 1월 말이나 2월에 걸쳐있는데 이 기간 1주일을 공휴일로 쉰다. 자영업자나 일반 직공들은 아예 한 달간 문을 닫거나 휴직하고 고향으로 내려가는 경우가 많다.

이 기간은 베이징도 썰렁하다. 왕징 또한 이 기간은 사실상 개점 휴업 상태다. 국제학교 방학과 맞물려서 한국에 잠시 다녀오는 교민들이 많아 왕징 거리가 부쩍 한산해진다.

▼ 왕징의 봄

▼ 왕징의 여름

▼ 왕징의 여름

▼ 왕징의 가을

▼ 왕징의 가을

▼ 왕징의 겨울

▼ 왕징의 겨울

왕징의 거리와
아파트·쇼핑몰

왕징은 지하철역으로 보자면 후퉁역阜通站, 왕징역望京站, 왕징남역望京南站을 중심으로 펼쳐져 있다.

교민이 사는 지역을 중심으로 보자면 지하철 후퉁역을 중심으로 카이더몰华联 쇼핑몰이 있는 초대형 4차로가 메인이다.

재밌는 것은 이런 4차로에 횡단보도만 있을 뿐 신호등은 전혀 없어 매우 위험하다는 점이다. 매일 자동차에 자전거, 오토바이, 킥보드, 택배 차량 등이 사람들과 엉켜 정신이 없지만 정작 불평하는 중국인들이 없어 신기할 정도다.

카이더몰 바로 옆에는 주재원들이 많이 사는 대서양신청 아파트 단지가 자리 잡고 있다. 4천~5천 세대에 달할 정도로 대단지며 남은 부지에 계속 아파트를 올리며 확장하고 있다.

카이더몰을 따라 올라가다 보면 지하철 왕징역 바로 앞에 한국성韩国城과 곰집熊家이라는 한국 슈퍼와 음식점들이 몰려있는 건물이 나온다.

곰집 건물 1층에는 하오치킨과 장충동 족발, 2층에는 곰집과 순천집, 솥뚜껑 삼겹살 등 한식당이 유명하다.

그리고 신호등을 건너 100여 m를 가다 보면 교문호텔教文酒店과 럭키 프라자, 한국 성형외과, 미용실 등이 즐비하게 늘어서 있다. 주로 교민들이 만나서 식사도 하고 술을 마시는 구역이다.

예전에는 한국에서 출장을 오면 대부분 교문호텔에서 묵었다. 하지만 교문호텔의 시설이 노후화된 데다 최근 왕징에 최신식 하얏트호텔이 들어서면서 선호도가 바뀌었다.

더 확대해 보면 후퉁역 4차로를 기준으로 카이더몰 건너편에는 화딩세가란 아파트 단지가 있고 좀 더 걸어가다 보면 보성원이란 아파트 단지도 나온다. 화딩세가는 현대차 주재원들이 많이 살기로 유명하며 보성원은 대기업 법인장들이 많이 산다.

그리고 이 중간에는 왕징 3취와 왕징 4취라는 오래된 아파트 단지가 있다. 이곳 또한 교민들이 밀집한 곳이며 과거에 정말 많은 한국인들이 살았지만 현재는 빠져나가는 추세다.

아직도 이 단지 내에 들어가면 한국 관련 음식점, 미용실, 잡화점, 민박집 등을 일부 찾아볼 수 있다. 과거의 영화는 사라졌지만 그 빛바랜 흔적은 남아있는 셈이다.

보성원과 화딩세가는 임대료가 매우 비싼 편이다.

화딩세가 안에는 중고등학생을 위한 한국 학원들이 많아 이런 연령층을 자녀를 둔 주재원들이 선호하는 곳이다.

대서양신청 내에도 각종 한국 학원들이 있는데 주로 초등생들에게 적합하다. 이세돌 바둑학원도 있다.

3취 앞에는 '내 고향 마트'라는 왕징 최대 한인 마트가 있다.

이 마트에는 한국에서 살 수 있는 모든 물건이 다 있다고 보면 된다. 우다커우五道口에 있는 베이징대, 칭화대 유학생들이 한국 물건을 사기 위해 '내 고향 마트'까지 올 정도다. 다만 값이 한국보다 많이 비싸다는 단점이 있다.

3취 안의 팔통마트와 대서양신청 안의 낙원마트도 크지는 않지만 한국 식품을 파는 곳으로 나름 유명하다.

'내 고향 마트' 바로 옆 건물 2층에는 천주교 성당 교육관이 있어 교민 사회에 중요한 교류의 장이다. 아울러 '북스린'이라는 유일한 한인 서점도 있어 한국에서 책을 사와서 팔기도 하고 주문을 받아 한국에서 사다 주기도 한다. 베이징에서는 개인적으로 한국에서 책을 주문해 통관하기가 쉽지 않기 때문에 매우 고마운 서점이다.

2019년까지만 해도 이 건물 바로 옆에 '대성산관'이라는 북한식당도 있었으나 코로나 사태 등이 터지면서 문을 닫아 아쉬움을 남기기도 했다. 왕징에 남은 북한식당은 교문호텔 건너편 케어병원과 맞닿은 '옥류관'이 유일하다.

보성원을 따라 쭉 올라가면 다왕징공원大望京公園이라는 왕징 최대 공원이 나온다.

이 공원 바로 옆에는 한국인들이 많이 사는 올리브 아파트 단지가 있다. 단지 내에 유치원이 있어 유아를 둔 주재원들이 선호하는 곳이기도 하다.

올리브 아파트 단지 근처에는 포스코 건물이 들어서 있으며 40~50층짜리 최첨단 빌딩들도 빼곡해 베이징에서도 대표할 만한 마천루를 형성하고 있다.

보성원 인근에 있는 왕징 소호SOHO 또한 왕징을 대표하는 건물이다.

백색의 하얀 조약돌 두 개를 얹어놓은 듯한 형상의 대형 건물로 인공 호수와 분수대, 공원이 조성돼 있어 왕징 주민들의 사랑을 한 몸에 받고 있다. 특히 음악에 따라 물길이 춤을 추는 분수 쇼가 유명하다.

소호 맞은편에는 기린사麒麟社라는 주상복합 건물이 있는데 '대지 극장' 등 영화관과 대형 마트, 노래방, 음식점, 고급 카페 등이 즐비해 새롭게 뜨는 지역이다.

이곳은 20~30대 젊은 층이 몰리는 핫한 동네다. 저녁만 되면 온갖 요란한 복장을 한 중국 젊은이들로 넘쳐나며 이런 열기는 새벽까지 이어진다.

하지만 나머지 지역은 대부분 아파트 단지인 거주지역으로 노후화된 건물들이 많아 서울과 비교하면 다소 우중충해 보일 수 있다. 이는 거리 자체가 깨끗하지 않은 점도 작용하는 것으로 보인다.

베이징뿐만 아니라 중국 다른 지역도 웅장한 건물이나 번쩍거리는 외관이 좋아 보이지만 막상 골목이나 중심부를 벗어나면 아직도 낙후된 모습이 적지 않기 때문이다.

특히 쓰레기와 담배꽁초가 널브러진 광경은 쉽게 볼 수 있다.

중국 또한 금연 문화가 확산되고 있으나 아직도 식당 등 실내에서 흡연을 공공연하게 하는 경우가 있으며 실외에서는 사실상 흡연 제지를 하지 않기 때문이다.

필자가 일했던 베이징 시내 중심부인 창안지에长安街를 지나다가 놀란 적이 한두 번이 아니다. 우리나라로 따지면 서울 종로 한복판 격인데 대형 건물 바로 앞 잔디밭으로 아이들 데리고 가서 소변을 누게 하거나 성인들도 볼일을 보는 사례를 적잖게 봤기 때문이다.

왕징 같은 경우는 아예 도로변 가로수 옆에 아이를 앉히고 소변을 보게 하는 경우도 자주 목격했다. 왕징의 화장실 또한 새로 지은 공용 화장실이 늘어나고 좌변기 문화가 확산되기는 했다. 하지만 아직도 옛날식 변기가 많고 일부 화장실은 옆 칸과 트여있어 서로 볼 수 있을 정도다.

어떤 공용 화장실은 화장실 문이 아예 없는 경우도 있다. 그럼에도 전반적으로 시진핑 중국 국가 주석이 '화장실 혁명'을 부르짖은 뒤부터는 중국의 화장실 또한 많이 좋아진 건 사실이다.

왕징의 거리를 지나다 보면 중국어와 함께 한글로 써진 간판이나 문구 등을 자주 보게 된다. 아쉬운 점은 구글이나 바이두 번역기를 그대로 돌린 듯한 어색한 한글을 버젓이 간판으로 사용하는 경우가 꽤 있다는 점이다. "한 번이라도 한국인들에게 물어봤다면 이런 난처한 상황을 막을 수 있었을 텐…"라는 생각을 하게 된다.

교민들이 사는 왕징의 아파트는 대체적으로 20~30년씩 된 낡은 건물이다.

그러다 보니 대체적으로 층간 소음이 클 수밖에 없다. 그러나 신기한 것은 중국인들은 대체로 층간 소음에 신경 쓰지 않는다는 점이다. 한국의 경우 보통 저녁 8시가 넘으면 피아노 등 소음이 큰 활동은 아파트 내에서 하지 않지만 중국은 밤 10시에도 각종 소음이 끊이지 않는다.

아파트 리모델링 공사는 한술 더 뜬다.

한국의 경우 미리 각 동의 세대에 양해를 구하고 최대한 문제가 되지 않도록 평일 주간 시간대에 신속히 끝내려고 한다. 하지만 왕징의 경우 주말에 집에서 쉬는데도 종일 바닥을 파내는 드릴 소리와 망치질에 신경이 곤두설 수밖에 없다.

평일에도 밤늦게까지 공사 소리가 들리는 경우도 적지 않다. 더구나 리모델링을 할 때 지저분한 철거물 잔해물을 아파트 동 앞에 쌓아놓고 가는 경우가 많아 미관상으로도 좋지 않다. 이 또한 적응하면서 살다 보면 어느 순간부터 무뎌지게 된다.

왕징의 아파트들은 하수가 역류한다든지 욕실, 세면대, 주방에서 하수구 악취 냄새가 나는 경우가 적지 않다. 매번 업자를 불러 수리를 해보지만 몇 달이 지나면 다시 보수하는 경우가 많다. 건축 당시부터 문제가 있었는지 전반적으로 건물의 하자가 많은 편이다.

중국의 아파트들은 신규 분양되더라도 한국처럼 내부가 잘 갖춰져 있지 않다.

즉 '깡통 아파트'다. 본인이 직접 돈을 들여 내부 도배부터 모든 걸 인테리어 해야 한다. 요새는 한국식으로 기본적인 세팅이 된 아파트들도 나오고 있지만 일반적이진 않다.

석회 물과 녹물 또한 문제다.

베이징은 기본적으로 석회물이기 때문에 수돗물이라고 해도 마실 수가 없다. 이 물로 설거지를 하면 유리잔의 경우 마르면 하얗게 석회 가루가 범벅이 돼있다. 먹는 물은 생수나 정수기를 반드시 이용하게 된다. 샤워할 때도 별도 정수기를 다는 교민 가정도 적지 않다. 석회물에 샤워를 하거나 머리를 감으면 피부나 머릿결이 상하기 쉽기 때문이다.

전기는 미리 돈을 내고 충전해서 차감하는 방식으로 쓰게 된다.

중국 또한 일정량 이상 전기를 쓰면 누진되기 때문에 적절히 쓰는 게 중요하긴 하다.

가스나 수도세는 검침원에게 SNS 등을 통해 계량기 사진을 찍어 보내면 위챗 등에 설치된 공공요금 항목에 들어가 낼 수 있었다. 전반적으로 공공요금은 비싸진 않았지만 왕징의 경우 월세가 주재원 기준으로 200만 원에서 800만 원까지 매우 비싸 적잖은 부담이 됐다.

왕징의 아파트는 베이징의 다른 아파트들과 마찬가지로 단지 내 출입이 쉽지는 않다.

단지 출입을 위한 카드 키가 반드시 필요하다. 아파트 정문에는 수위들이 지키고 있고 카드키를 대지 않는 한 문이 열리지 않는다. 한국처럼 편하게 다른 지역 아파트 단지에 들어가 둘러보는 게 쉽지 않다는 의미다. 물론 카드키를 대고 입주민이 들어갈 때 같이 따라 들어가는 방법도 있기는 하지만 적잖이 눈치를 봐야 한다.

아파트 단지 내 소규모 구역에 들어오면 또다시 그 구역에 맞는 카드키를 대야 한다. 그런 뒤 자기가 살고 있는 동에 오면 '1문', '2문' 등으로 나뉘는 데 또 거기에 맞는 키를 대야 들어갈 수 있다. 우여곡절 끝에 자신이 사는 층에 도달해서 집 문을 도어락이나 열쇠로 열어야 마무리가 된다.

보통 아파트 출입카드에는 본인의 해당 구역으로 갈 수 있는 기능만 담겨있다.

같은 아파트 단지라도 다른 동이나 다른 구역을 가려고 하면 자신의 출입카드로는 접근이 안 돼 불편한 점이 적지 않다. 이 때문에 각 아파트단지 앞에는 '출입 만능카드'를 만들어서 파는 업자들이 버젓이 장사를 하고 있다.

2020년 코로나 사태가 터진 이후에는 출입카드와 별도로 아예 입주민 신분증 카드까지 만들었다. 이걸 보여줘야만 아파트 정문을 통과하게 했을 정도로 왕징뿐만 아니라 베이징의 아파트 관리는 폐쇄적이다.

아파트 경비원들이 한국에 비하면 정말 많다.

정문에 제복만 입고 하루 종일 전시대 위에 올라서 있는 '장식용 경비원'조차 있을 정도다. 하지만 한국처럼 편하게 대했다가는 큰 코다칠 수 있다. 물론 친해지면 정말 잘해주지만 일반적으로 아파트 경비원들도 무척 엄격한 편이다. 서비스 마인드를 기대해서는 안 된다.

▼ 왕징의 거리와 아파트 · 쇼핑몰

▼ 왕징의 거리와 아파트 · 쇼핑몰

▼ 왕징의 거리와 아파트 · 쇼핑몰

왕징의 명물
'중앙미술학원'

왕징 대서양신청 아파트 단지 후문을 나서 천천히 걸어가다 보면 회색 돔처럼 생긴 건물이 보인다.

이곳이 바로 중국 최고 미대생들이 다닌다는 중국 중앙미술학원이다.

중앙미술학원은 중국 교육부 직속의 최초 미술 전문 교육 기관이다. 중앙미술학원은 미대 계열의 학부만 있는 학교로 한국식으로는 중앙미술대학으로 보면 된다.

중국 대학의 미대 순위 중 독보적인 1위로 한국으로 치면 홍대 미대와 같은 대접을 받는다. 미대 분야에서는 베이징대나 칭화대조차 중앙미술학원에 명함을 내밀지 못한다. 한마디로 중국 전역에서 미술 분야 천재들이 여기에 입학하는 셈이다.

중앙미술학원의 미술관은 일본 유명 건축가 이소자키 아라타가 설계했다. 부지 면적만 1만5천여 m^2로 중국 및 해외에서 인정받은 유명 작가들에게만 개인전과 협동전을 허용해 중국에서 최고로 손꼽히는 미술관이다.

왕징 교민들 중에는 주말에 아이들 손을 잡고 중앙미술학원 미술관을 방문하거나 교정을 거닐며 산책하는 경우가 많다. 필자가 개인적으로 왕징 중에서 가장 사랑하는 공간이기도 하다.

미술관 관람은 유료며 다소 비싸긴 하지만 미술관 자체가 멋진 데다 전시 작품 또한 최고 학생들의 창의력이 번득이기 때문에 아깝다는 생각이 전혀 들지 않는다.

전시를 보고 나서 1층의 카페에서 브런치를 먹고 미술관 앞으로 중앙미술학원 교정을 둘러보면 마치 딴 세상에 와있는 듯한 느낌이 든다. 특히, 교정을 둘러보면서 창문 속에 열심히 조각하거나 데생을 하는 중국인 대학생들의 모습을 보면 학창 시절이 생각나면서 다시금 마음을 다잡게 된다.

▼ 왕징의 명물 '중앙미술학원'

▼ 왕징의 명물 '중앙미술학원'

중국에서 떠오르는
상하이 한인 타운 '훙췐루'

상하이시 외곽지역인 민항취関行区 훙쵄루虹泉路라는 지역이 있다.

이곳에는 상하이의 한국인들이 주로 거주해 '상하이 한인 타운'으로 불린다. 진후이난루 입구부터 훙신로 끝까지는 직선거리로 1km 정도지만 동대문 쇼핑 타운을 연상할 만큼 한국 간판이 빼곡한 쇼핑몰 건물들이 늘어서 있다.

한류의 열풍으로 훙쵄루가 핫한 거리로 소문이 나면서 주말뿐만 아니라 평일에도 발 디딜 틈이 없을 정도다. 2021년 코로나19 사태 속에서도 훙쵄루는 그래도 제법 선방하는 모습이었다.

훙쵄루에는 통영아지매, 본가 등 한국의 식당들과 파리바게뜨, 서래 갈매기, 이니스프리 등 각종 한국 브랜드숍들이 들어차 있다. 한국에 있는 브랜드들은 모두 모아놓았다고 해도 과언이 아닐 정도다.

갈수록 한인 타운의 모습이 사라져 가는 베이징 한인 밀집 지역인 왕징과는 너무나도 다른 모습이다.

베이징시가 외국인 타운 자체를 허용하지 않은 탓인지 왕징은 자세히 들여다보지 않으면 홍첸루와 같은 한인 타운 느낌은 들지 않는다. 한국 식당과 관련 시설이 좀 있다는 것뿐이지 이마저도 드문드문 산재돼 있기 때문이다.

원래 상하이 한인 타운은 아파트가 밀집한 구베이古北 지역이었으나 임대료가 급등하면서 2010년대에 홍첸루로 교민들이 옮겨와 정착하기 시작했다고 한다.

이후 김수현 주연의 '별에서 온 그대' 등 한국 드라마가 중국을 강타하면서 중국 젊은이들의 한국 문화에 대한 갈증이 커지자 자연스레 홍첸루는 한류의 메카가 됐다.

이 때문에 한국 회사들이 자사 제품 선전을 위해 홍첸루에 대거 브랜드숍이나 체인점을 내면서 불야성을 연출하게 됐다. 하지만 홍첸루가 너무 장사가 잘되는 바람에 임대료가 매년 폭등해 이를 감당하지 못하는 교민들이 밀려나고 있는 것도 또한 현실이라 아쉬움이 남는다.

| 마무리하며 |

 중국에서 특파원 생활을 하면서 귀국 전에 반드시 가보고 싶었던 곳이 백두산 그리고 천지였다. 왠지 모르게 한국인이라면 꼭 가봐야 할 것 같은 마음의 고향인 곳이기 때문이다. 더구나 중국에서 5년이나 살면서 천지를 가보지 않고 한국으로 돌아간다는 건 말이 안 된다는 일종의 부채 의식까지 작용했다.

 수많은 한국 사람들이 힘들게 중국 동북 지역의 백두산 그리고 천지까지 찾는 것은 천지에 올라 장엄한 전경과 푸른 물을 보면서 '우리는 한민족, 한국인'이라는 사실을 다시 느끼고 싶은 게 아닐까.

 "동해물과 백두산이 마르고 닳도록"이라는 애국가 1절 가사의 도입부처럼 고생 끝에 오른 천지를 바라보면 알 수 없는 애국심이 가슴 속부터 북받쳐 오르게 된다. 중국에서 바라보는 천지가 아닌 한반도에서 바라보는 천지는 언제쯤 볼 수 있을까 하는 아쉬움도 남게 된다.

예전에는 서파나 북파로 오른 뒤 천지 호숫가까지 내려가 물도 직접 떠보고 바로 앞에서 컵라면도 먹었다고 한다. 하지만 지금은 서파나 북파 봉우리 끝에서 호수를 내려다보면서 기념 촬영을 할 수 있는 게 전부다. 그럼에도 중국에서 살거나 여행 오는 한국인들이 꼭 가보고 싶은 버킷리스트에 백두산 천지가 꼽히는 것은 '백두산', '천지'에 대한 어렸을 적부터 동경 때문이 아닐까 싶다.

어릴 때부터 귀에 못이 박히도록 들었던 이곳을 직접 본다는 건 앞으로 인생에 있어 큰 자산이 될 수도 있기 때문이다.

베이징이나 서울에서 백두산 그리고 천지까지 가지는 길은 결코 쉽진 않다. 하지만 중국 그리고 분단된 한반도, 한민족을 다시금 생각해 보고 싶다면 단연 후회 없는 결정이 되리라 믿는다.

베이징 여행을 계획하는 한국인이라면 반드시 한인 거주지인 왕징도 방문해 보라고 말하고 싶다. 1992년 수교 후 30여 년간 교민들의 피땀 어린 노력이 스며들어 있는 곳이다. 지금까지 왕징에 남아있는 식당과 상점 하나하나가 모두 한국인의 근성을 대변하고 있다. 이곳에 정착한 교민들과 대화를 나누다 보면 한중 관계의 미래에 대해서 생각해 보는 좋은 기회가 될 것이다.

왕징에서 백두산, 그리고 백두산에서 북중 접경 두만강까지 당장 떠나고 싶지 않은가. 그렇다면 출발해 보자. 천지 앞에 서서 무서울 정도로 장엄한 광경을 보게 되는 순간 당신의 인생이 바뀌게 될 테니깐 말이다.

백두산
어디까지
———
가봤니

초판 1쇄 발행 2022. 5. 25.

지은이 심재훈
펴낸이 김병호
펴낸곳 주식회사 바른북스

편집진행 임윤영
디자인 김민지

등록 2019년 4월 3일 제2019-000040호
주소 서울시 성동구 연무장5길 9-16, 301호 (성수동2가, 블루스톤타워)
대표전화 070-7857-9719 | **경영지원** 02-3409-9719 | **팩스** 070-7610-9820

•바른북스는 여러분의 다양한 아이디어와 원고 투고를 설레는 마음으로 기다리고 있습니다.

이메일 barunbooks21@naver.com | **원고투고** barunbooks21@naver.com
홈페이지 www.barunbooks.com | **공식 블로그** blog.naver.com/barunbooks7
공식 포스트 post.naver.com/barunbooks7 | **페이스북** facebook.com/barunbooks7

ⓒ 심재훈, 2022
ISBN 979-11-6545-741-9 03910